断る力

勝間和代

文春新書

682

断る力◎目次

はじめに　11

第1章　総論　「断る力」の圧倒的な効用を理解する　29

第2章 ホップ 自分の揺るぎない軸を持つ

第3章　ステップ　相手への建設的な影響力を発揮する　219

第4章　ジャンプ　「断る力」で、自分と周囲の好循環を作る　269

はじめに

私が今、タイムマシンに乗って20代後半の自分にたった一つアドバイスをするとしたら、『断る力』を一刻も早く、身につけること」と言うでしょう。実際、私が「断る力」、英語にすると「Say No」、すなわち相手の言いなりにならずに拒否をする力を身につけることができたと確信したのは、34歳で初めての離婚をしたときからだと思います。そして、その時から、私の世界はドラマティックに変わりはじめました。

人から何かを頼まれる、頼られる、うれしいことです。そして、頼まれたことに対して相手の気に入るように振る舞うと、それなりのごほうびが来ます。そうやって私たちは親からも、先生からも、上司からも、育てられてきました。しかし、単に頼まれたことを断らずに唯々諾々と行うということは、自分の人生の進路を行き当たりばったり、他人に委ねてしまっていると言い換えることもできるのです。

さらに、この「断る力」、というのは単に人からものごとを頼まれることを断る力だけを指しているのではありません。日本では「空気を読め」ということばが表すように、

「無言の圧力」「その場の雰囲気」「他人が口には出さないけれどもこちらに望んでいること」を自ら酌み取り、その相手に合わせて行動することが求められます。これは、「同調志向」ということばで表すこともできますが、それには功罪があります。特に罪の部分についてこの本は注目し、その空気の流れに対しても、「断る力」「空気を遮断する力」を身につけて一段、自分のステージを上げることを推奨する本です。

意外だと思われるかもしれませんが、私は断る力がない時代、例えばマッキンゼーのころ「究極の優等生」と周りから揶揄されていました。なぜなら、上司から言われたことを、実に素直に淡々と実行していたからです。また、問題のある人たちにずいぶん振り回され十二指腸潰瘍も、メニエールも患いました。あるいは、長時間労働を黙々とこなし、クライアントのいうことに振り回され、金曜の夕方にかかってきたクライアントの依頼をもう少しで救急車を呼びたいと思うような胃痛に悩まされながらも夜通しで仕上げたことも、あります。

引き替えに得られたのは、「ファースト・トラック」といわれる、他の同期よりもいち早い出世や、当時のマッキンゼーの事務所で筆頭の売上を誇る大型クライアントの担当マネージャーの仕事でした。そして、その仕事を守るため、何年間も自分のワークライフバランスを犠牲にし、健康を犠牲にし、仕事を夜中までし続けることになります。

そんな中、32歳で「三毒追放（妬む、怒る、愚痴るを止めること）」ということばや、さまざまな人生指南書に出会い、だんだんと自分を取り戻すようになってきました。そして、33歳から34歳で気づいたことは「自分で断ること、捨てること」の重要性でした。まさしく、必要なことは「To Do List（すべきことリスト）」を作ることではなく、「Not To Do List（断ること、してはいけないことリスト）」を作ることだったのです。

ある意味、私は「断る力」を身につけるまで、「コモディティ」すなわち、他人でも十分に代替がきく汎用的な人員だったと思います。当時の私の仕事は、マッキンゼーメソッドを着実にこなせる中堅コンサルタントで滅私奉公ができる人であれば、たぶん、そのクライアント担当は誰でもよかったのです。それに気づいた33歳から34歳、私は社内で仕事を減らしました。断り続けました。結果として、社内での評判はもちろん、分かれました。新しいやり方を支持してくれる人がいる一方、これまで私のことを便利使いしていた上司の一部とはそりが合わなくなりました。それでも、仕事を減らすことで自己投資の時間も増え、自分の生き方を見直す時間もでき、結果として証券アナリストへの転身、そして経済評論家への転身と、「コモディティ」から「スペシャリティ」への道が開けたのだと、今でも確信しています。

私があのときに「断る力」を身につけられなければ、いまでもコンサルタントか、プライベートエクイティのマネージャーを淡々とやっていることでしょう。そして、長時間労働に悩みつつも、ある程度の高給をもらい、高級コモディティ・サラリーパーソンとして生きていたと思います。しかし、そこに私の幸せはなかったでしょう。

最近、澤登雅一先生というアンチエイジングの専門医師とラジオで対談をする機会がありました。その対談の中で、人間の老化の原因は酸化であり、酸化の原因は喫煙、飲酒、睡眠不足、間違った栄養、運動不足、そしてそれに並んで過大なストレスだと教えてもらいました。そう、過大なストレスは私たちの老化を早めてしまうのです。

実際、過重労働に悩むコンサルタントの時代、自殺願望がなかったといえば嘘になります。マッキンゼーに出勤するときには最寄り駅からマッキンゼーのあるビルまで、急な坂を上っていくのですが、「ああ、ここで倒れたり、手首切ったりすると楽になるんだろうな」と思ったことが何回もありました。当時は睡眠時間が数時間しかなく、土日もなく仕事をしていたのですから、長時間労働によるうつ病に近い状態だったのでしょう。

繰り返しになりますが、その状態から私を救ってくれたのは、勇気をもって断ること、それにつきます。この本は、どうやってそのことに気づいていき、何を考えていけば、同じような悩みを持っている人が突き抜けられるのか、それを方法論に著していきたいと思います。

■「断る力」を身につけてはじめて、コモディティ（汎用品）から抜け出せた

私は今、公認会計士や経済評論家としての金融商品開発や経営コンサルティング、政策提言などの本業の仕事に加え、家事労働、三人の娘の子育て、大学院では博士課程の研究を行い、加えて本の執筆や講演などを行っています。

また、チャリティ活動として、本の印税の20パーセントを被災地や戦争国の難民・子どもたちの自立援助のために寄付をするチャリティ・ブック・プログラム「Ｃｈａｂｏ！（チャボ）」(www.jen-npo.org/chabo) にも取り組み、２００８年11月には寄付先であるアフリカ・スーダンにも2週間ほど行ってきました。

さらに、政策提言活動やチャリティ活動について、より広いみなさんに知ってもらうた

め、ブログ「私的なことがらを記録しよう!!」(Googleで「勝間和代」でGO)も頻繁に更新しています。テレビもフジテレビ系「サキヨミLIVE」やBSジャパン「マーケットウィナーズ」などにレギュラー出演して、メッセージを届ける努力をしています。

おかげさまで、著作も多くの方に支持いただいているほか、「情熱大陸」(毎日放送)や「王様のブランチ」(TBS)、「NHKスペシャル」などのテレビや朝日新聞、毎日新聞の連載など、いろいろなメディアで私の名前を見る機会が多くなってきたのではないかと思います。

したがって、よく「よほど忙しいのでは」と言われるのですが、最近「アエラ」の「変革の人」というシリーズでさまざまな日本のチェンジ・メーカーたち、例えば起訴休職外交官の佐藤優さん、ディー・エヌ・エー社長の南場智子さん、ワタミフードサービス社長の渡邉美樹さんなどと対談を組んだのですが、スケジュールを合わせるときに、その方々と比べても、どうみても、私の方が時間に余裕があるのです。実際、今でも週に3回スポーツクラブに行っていますし、週1回のネイルサロン通いもあいかわらずです。

ではなぜ、ある程度のアウトプットをしながらも、時間に余裕を持つことができるのでしょうか。その秘訣は、とにかく、「断ること」、これにつきると思っています。自分が使える時間は一定です。その使える時間をどこにつぎ込むのか、自分が手に入るチャンス、時間を使う機会の中で、自分が労力をかける分野を厳選して、そこにだけ力を使うのです。

そうすると、時間に余力が生まれますから、その余力はそれこそ、「断らなかった仕事」すなわち「厳選した仕事」に対するアウトプットの品質を上げることに注力し、そのための準備を重ねていくことになります。それは、人に会ったり、本を読んだり、運動をしたり、自己研鑽をする時間に他なりません。

そして、鶏と卵の関係なのですが、よく、「実力があるから断れる」「力関係で強いから断れる」のだろうと言われます。それはまったくその通りです。その否定はしません。でも、こちらが断るためには、実力をつける必要があります。そして、実力をつけるには十分な研鑽と準備が必要で、そのためには自分の実力が出せないような、余計な仕事をしている暇はないのです。

私が「コモディティ（規格が決まっている商品のことを指す。人材であれば、汎用的な人材のこと）」から抜け出せる実力がついたのは、「断ること」で自分に時間を使うようになってからです。自分に時間を使わないと、頭も使えませんから、頭を相手に任せて、自分は手足として「動く」ことになります。そして、単に動く人の価値を使う相手が測る場合には、「どれだけ使い勝手がいいか」に尽きますから、断ることはもってのほか、ということになってしまいます。

逆説的ですが、だからこそ、「断る力」を身につけることで、断るから実力をつけられること、実力があるから断れること、の好循環を自ら作り出していかなければならないのです。そして残念ながら、この方法論は、学校でも企業でも、なかなか教えてくれません。これに気づいてしまえば、もう後戻りできないくらい快適な世界なのですが、なかなかその世界があることを私たちは知ることができないのです。

私は幸い、20代の頃に当時活躍していた複数の女性の先輩コンサルタントから「断る力」の重要性について、口を酸っぱくして言われて、30代にようやく実行に移せたので、聞いてから実行に移すまでには、5年くらいタイムラグが生じたのかもしれません。しかし大事なことは、まずはその世界があるということを知ることです。

■9割は断るからこそ、引き受けた仕事は全力投球・命がけ

私は前述の通り、さまざまなメディアで発言をする機会をいただいています。すると、

メディアの人はメディアを見て取材対象を決めるので、「メディアがメディアを呼ぶ」「パブリシティがパブリシティを呼ぶ」ということになり、次々に取材要望が舞い込むことになります。

講演も同様で、実に次々と依頼が来ます。小さいところから大きいところまでさまざまで、1日平均3～5団体というところでしょうか。メディアの取材要望も同様です。ところが、実際には私は、平日は自分の仕事がありますし、政府の仕事や社外取締役の仕事で通常の勤務業務も多いのです。したがって、講演も取材も、せいぜい週に1～2回しか割り振れません。

すると、1週間にくるさまざまな要望は、講演が4×平日5日間、取材が3×平日5日間とすると、講演が20、取材が15です。これを合わせて2～3に絞るわけですから、8～9割の仕事は断ることになります。

では、もし過去に断らなかったらどうなったのか。おそらく、断らなかったら、逆にこれ以上小さな案件しかこなかったでしょう。なぜなら、これくらいに絞り込むと、「誰でもいい」という講演や取材ではなく、ただでも行いたい、ただでも出たいような内容のものにこちらから絞り込めるからです。

例えば、講演について、私は営業を主目的とした企業の有料講演（ユーザー会への講演とか、お客様向けの講演など）は一切引き受けていません。代わりに引き受けるのは、労働組合向けのワークライフバランスの講演とか、男女共同参画センター向けの講演、大学生向けの学園祭での講演などです。なぜなら、企業の有料講演はその受益者が一義的にはその企業になってしまい、私はあくまでその企業の仕入れコストになりますから、時給ベースで仕事として働くことはできますが、的確に自分のメッセージを伝えることはスポンサーが企業の場合には難しくなります。

ところが、ユーザーそのものに直接メッセージを届けられる講演で、しかも商用ベースに乗りにくいワークライフバランスや若年層の応援などについては、私もやる意義を感じますし、セミナーを聞いた人たちもその意欲・パッションを感じて、強く心に残してもらえます。だからこそ、月に数回しか講演を行わなくても、心に残った人たちがブログその他に記載してくれることが多いため、意外とたくさん行っているような印象になるのです。

取材についても同様です。例えば、テレビについて、バラエティ番組の出演については、お断りしています。テレビで出ているのは、その報道姿勢に共感ができ、報道内容の企画から参画できるものに限っています。雑誌も同様で、なにかできあがった企画についてコメントを寄せるのではなく、企画ごと参加の可能なものに対応を絞っています。すなわち、誰でもいいけれどもたまたま都合がよかったから、という並びでは参加しないということです。

２００８年は、２月に「週刊ダイヤモンド」で、12月に「アエラ」で私の大きな特集を組んでいただきましたが、こちらもお話をいただいた時から、強く私の方もコミットをして、時間を確保し、集中して関与するようにしました。２００８年10月から開始している毎日新聞の連載である「勝間和代のクロストーク」もいろいろと企画段階から議論させていただいて、いまの形式になっています。

そして、８〜９割の仕事を断ったことの使命として、引き受けた１〜２割の仕事についてはは全力を尽くします。幸い、特集のあった「週刊ダイヤモンド」はここ数年では最も実売部数の多い号の一つになりました。「アエラ」もまだ発売直後ですが、通常の週の30パーセント増しの水準になっています。「サキヨミ」も取材企画から、番組内企画、視聴率の分析から視聴者のフィードバックまで参加しています。毎日新聞の「勝間和代のクロストーク」もおかげさまで、チームが社内表彰を受けることになりました。

こういった話を延々と書くと、また勝間の自慢話が始まった、と呆れてしまう人たちがたくさんいることも重々承知の上で、書いています。そういう批判を覚悟で、とにかく伝えたいのは、断る力の威力です。なぜなら、断っているからには、断っていない仕事については全力を尽くし、実績を上げないと、断った方たちにも失礼だし、引き受けた方にも失礼だからです。さらに、断っているのに他で結果を出せないと、「実績もないのに天狗になって断り続けている」と風評が固まってしまうためです。

これだけ断っても「出まくっている」という印象が強いのは、引き受けたものに対して、できる限りの効果を作るべく、努力をするためです。週に1〜2回のメディアでも、それにふだんのレギュラーの新聞・雑誌・テレビが入りますと、毎日どこかで接している、という印象になることでしょう。10%の仕事に対してベストを尽くすことで、新しいオファーが出てきて、そこでさらに自分の力を発揮できるオファーをそこから10%選ぶ、という循環になるのです。

■勇気を持って、あなたも「断る力」をつけよう!

そして、この本を読んでいる方は、間違いなく、こんなことで悩んでいるはずです。なぜなら、私がそうだったからです。

◎上司や取引先が思いつきでモノを言って、思いつきで仕事を命じてくるので、本当に大事な仕事を後回しにして、残業してまでそれに対応してしまう。

◎さまざまなビジネス本やセミナーでせっかく仕事の能率をアップさせたのに、職場の上司や同僚の目が気になり、仕事を断れないし、だらだらと職場に残らざるを得ない。

◎送別会や新年会ならまだしも、常日ごろのいきたくもない食事やお酒、カラオケなどへの、友人や職場からの誘いを断れずに、困っていながらもついつい出てしまう。

日本はだいぶグローバリゼーションが進んだといわれていますが、まだまだこういった「非生産的」なつきあいの傾向がだいぶ残っています。このつきあいの正体は「同調傾向」といわれるもので、日本のような閉鎖的な社会で起きやすく、重視されやすい資質です。

精神科医の和田秀樹さんは同調傾向の強い人のことを「シゾフレ人間」と名付け、逆に自分の考え方を中心とする人を「メランコ人間」と名付けました。

もちろん、シゾフレ型もメランコ型も分類であって、シゾフレ型の人がきっぱり断ることがありますし、メランコ型の人も同調してしまうことがあります。しかし、傾向としてシゾフレ型の人は他者に同調しやすく、価値観も外在しやすいのです。したがって、シゾフレ型の傾向が強い人の方が、「断ること」について、よりやりにくい傾向があるでしょう。

（参考：『あなたはシゾフレ人間かメランコ人間か』新講社）

和田秀樹さんのサイトでは、簡単な診断でテストができますので、興味がある方は試してみてください。

シゾフレ・メランコテスト
http://www.hidekiwada.com/clinica_test/

以下は私の診断結果です。

勝間和代さんは、典型的なメランコ人間です。
自分というものをしっかりもっていて人に流されない性格です。義理人情にも厚く、あなたをよく知る人は、きっとあなたのことを深く信頼してくれることでしょう。
しかし、自分の意見や道徳にしばりつけられてしまって、身動きがとれなくなってしまう、落とし穴があることも多いようです。多少は他人の意見を聞いたり、回り道をしてみた方が、柔軟で円滑な社会生活がおくれることでしょう。

あなたのメランコ度、シゾフレ度は以下の通りです。

メランコ度　76％
シゾフレ度　2％

しかし、しつこいですが、私も最初からメランコ度が強かったわけではありません。ただ、少しずつ訓練をすることによって、同調傾向を減らすことができました。

もちろん、同調傾向は悪いことばかりではありません。相手を気遣い、空気を読んで、チームワークを取ることができます。しかし、同調傾向が高い人は、うつ病になりやすいという筑波大学の松崎一葉教授の研究もあります。努力は惜しまないのだけれども、評価を他者に預けてしまう人は、もっともうつ病にかかりやすいのです。

これまで、私はさまざまな著書のなかで、どうすれば私たちの仕事の生産性がアップするかをいろいろな観点から紹介してきました。その中で、最も大事なことをこれまで、強調し切れていませんでした。もう、おわかりだと思いますが、生産性を上げる最も重要で、かつ効果的な秘訣とは――、

「断る力」をつける

ということ、これに尽きるのです。

この本では、「断ること」をしないことが、いかに私たちの生産性向上を阻害し、成長

を阻害し、ストレスをためるかということを説明していきます。そして、どうやったら「断る力」を身につけることができるのか、その訓練方法を含めて具体的に説明をしていきます。

この本を2時間後に読み終わったとき、そして、「断ること」を能動的にはじめたその時から、あなたの生産性は何倍にも、何十倍にも向上するのです。ただし、「断る力」はたいへん強力な武器であるため、扱いもとても慎重に行わなければなりません。むやみやたらに断るのではなく、どういうところでは断り、どういう場面では逆に歯を食いしばって引き受けてベストを尽くすべきなのか、その判断能力をこの本をきっかけに、みなさんの生活の中で培っていってほしいと思います。

第1章

総論

「断る力」の圧倒的な効用を理解する

■「断る力」がない人たちは自己主張ができない人たち

これまで、私はコンサルティング会社や証券会社、さらに今の経営している会社でさまざまな部下と接してきました。その経験からつくづく感じてきたことは、こちらのリクエストや説明を鵜呑《うの》みにせず、指示に対して「断る力」がある部下とない部下とで、いかに将来の生産性が変わるかです。「断る力」というのは、「自己主張をする力」、と言い換えることもできるでしょう。上司は万能ではありませんので、その指示が間違っていることもあれば、非効率なこともあります。ところが、その指示について疑問を持たないと断れないし、また、疑問を持ったとしても、それをうまくコミュニケートできないと、断れないのです。

そして、一番最悪のパターンは、相手の指示に不満を持ちつつも、断らずに指示をこなそうとすることです。今でも忘れられない私の最悪の経験では、「アシスタントのメモ事件」というものがあります。

これは何かというと、ある時期、私の専任として配属されたアシスタントが、私が出している指示や行動に対して、一切文句も疑問も差し挟まずに淡々と仕事をしているのですが、その効率があまりにも悪いのです。私も最初の１ヶ月は我慢していたのですが、２ヶ月目くらいからだんだんと理解ができなくなり、その理由を探ろうと思いました。

そして、あるとき、そのアシスタントがたまたまお昼に出かけているときに、ふとなにげなく会社支給のパソコンでそのアシスタントが使っていた画面を別の人が見てみたところ、メモパッドがオープンしっぱなしになっていました。その人があわてて私のことを呼んでくれたので、そのメモパッドを一緒に見てみると、そこにはなんと

・○月○日何時、××の指示を受けたが、意味がわからなかった
・○月○日何時、お茶を一人で入れてお菓子を食べたが（注・勝間が、ということ）、私に一つも勧めてくれなかった
・○月○日何時、（アシスタントである自分に私が）あいさつもせずに席を立った
・○月○日何時、電話で××の入金指示を受けたが、説明が悪かった

というように、延々と私への文句が記載されていたのです。これを見た瞬間、空恐ろしい

気持ちになりました。それくらい不満を抱えていたのに、こちらに一度も、ことばで言わなかったのです。

私は「すべての人はエスパーではないのだから、ことばでコミュニケーションしない限り、わかり合えない」というのが持論です。実際、私が20代の新人コンサルタントの頃、上司に注意をされたのが、「指示を出したときに質問が少なすぎる」ということでした。当時の私の経験と知識からいって、疑問や質問がないわけがない。それをまったく聞き返さないということは、わかっていることとわかっていないことの区別すらついていないのではないか、という指摘です。それはまったくその通りだと思います。受け身の姿勢では、断るための材料すら、判断して、考えて、用意することもできないのです。

すなわち、断るという選択肢を無視することは、思考停止状態と置き換えてもいいでしょう。

■「断る力」がないと「2ちゃんねる」で不満をぶちまけてしまう

インターネット上の掲示板サイトである「2ちゃんねる」には、さまざまなスレッドがあります。そして、「2ちゃんねる」の特徴は、ネガティブな情報が多いことです。例えば、一般書籍、というコーナーに私を含めたさまざまな著者のスレッドがありますが、この「2ちゃんねる」の作家、著書スレッドは、批判・非難が多いため、見ない人も多いそうです。ただ、私はそういった「ネガティブな見方」からもなにかヒントがないかと思って、ブログ検索やmixi検索と同様の情報ソースとして、定期的に検索をして見ています。

とはいえ、2ちゃんねるの書き込みの中に、明らかに私がある特定の人にしか話していない内容が書かれていて、さすがにビックリしました。内容はたいしたことがないものだったのですが、あるビジネス上の扱いでちょっとした優遇を受けたことを説明したら、そのことを詳しく書き込んで、「自分が大事にされたことを自慢している」というようなことでした。

その人は私と会っているときはにこやかに話もするし、メールも交換している関係だから、なにかあれば直接私に言える立場にあるはずです。もし、それが自慢に聞こえたのであれば、その場で注意をしてもよかったはずです。ところが、前述のアシスタントはパソコンのローカルディスクのメモパッドに不満を書き入れましたが、今回の相手は、2ちゃんねるに私への不満を書き入れたわけです。

これが日本人だからなのか、インターネット特有の匿名性だからなのかはわかりませんが、すごく不健康な、病んだ感じを受けました。2ちゃんねるは、昔であれば「陰口」ということで流通しなかったようなネガティブな情報が、ネットという媒体を通じて共有されるようになってしまったのです。そして、匿名性は攻撃性を助長します。

私は、「2ちゃんねる」に実際に書き入れている人たちが、根っからの悪人だとは思えません。実際、ネットで私に対して批判的な記事を書いている人とメール交換をしたり、オフラインで実際に会ってみると、単なる誤解であったり、あるいは接点を見つけることができたり、楽しい出会いになることが多いのです。

しかし、自己主張したくてもできない想いが、インターネット上で憂さを晴らす、という歪んだ形で吹き出てしまっているような気がしてならないのです。もちろん、健全なメディアとして、ポジティブな報道しか流さないようなマスメディアに、弱者のメディアとして対抗するのだという気持ちもあるのでしょう。もし、その場合には実名で対抗をすべきだと思っています。

自らを匿名メディアの枠内に組み入れてしまう習慣をつけると、人間は楽な方に流れがちですから、安易な代替案を持ったために、実名を持って現実と向きあうという気力を失ってしまうことになりますから注意が必要です。

そしてこれは、2ちゃんねるのようなわかりやすい事例だけではなく、例えば職場の飲み会での愚痴も同じです。上司や取引先に何か不満があった場合に、本人たちの耳に届かないところでいくら愚痴を言っても、陰口をいっても、それは憂さを晴らすだけで、問題解決にはまったく、まったく役立たないのです。

■正しいかどうかは関係ない。あるのは相手の「認識」だけ

そして、このように自己主張をしないけれども、不満をためていく発想の裏側には、

「I'm right. You're wrong.」

という考え方があると思います。これは誰しもそう思いがちですが、自分が正しく、相手が間違っている。だから、間違っていることをどこかでつぶやいていれば、自然に間違い

は正されていく、という思考の流れです。

例えば、最近、ニュースを見ていてつくづく感じるのが、「官僚が悪い」「政治家が悪い」というメディア、すなわち国民のメタ・メッセージです。自分が正しく、周りが間違っている、あるいはそうあって欲しい、という発想が、必要以上に相手の努力を認めないまま、悪いことだけに注目した「悪者論」をつくっている気がしてならないのです。


「私だけが正しくて、悪いのはあなた」というメッセージを、私たちはメディアを通じて小さい頃から学習してしまいます。あるいは、そういう思考パターンをする人に囲まれることで、同じ思考パターンを身につけてしまいます。

結果、正しいはずの自分が正しく評価されなかったり、思いが通じなかったりしたときには、面と向かって何かを主張するよりは、とりあえず、「私は正しい」という自己主張を行います。でも、それを面と向かって相手にするほどの勇気も自信もないため、それが陰口や、2ちゃんねるへの書き込みという形で歪んで噴出するわけです。

私が08年の9月に訳書として出版した『史上最強の人生戦略マニュアル』(フィリッ

プ・マグロー著、きこ書房）という本があります。この本は人生の戦略を考える上で念頭に置くべき10の法則を打ち立てているのですが、その中で私がもっとも影響を受けて、かつ、いつも忘れずに心に抱いている法則は

「事実なんてない。あるのは認識だけだ」

ということです。私たちが、自分が正しくて相手が間違っている、というのはあくまで、私たちの認識です。まったく同じ認識を、私たちが文句を言っている同僚や友人が、こちらに対して思っているかもしれません。きっとそうでしょう。そして、どちらが正しいか、間違っているかは問題ではないのです。問題は、互いの認識が異なっているということ、それによって上手な意思疎通ができていないということなのです。

◎自分が正しければ、いつかは周りが認めてくれる
◎自分さえしっかりしていれば、最終的に周りが助けてくれる

こういった思い込みは、大ウソだと思っています。なぜなら、もう一度繰り返しますが、**「相手が読心術を持つエスパーではない限り、あなたが言葉を使って言わなければ絶対分からない」**からです。

あなたがどんなに上司のやり方、仕事のしかた、方法論にあきれかえっていても、それを説明して、変えてもらわない限り、絶対に変わりません。

最近驚いた事例では、上司からパワハラをうけているという相談を受けたのですが、なんと、そのパワハラをうけていると言う本人が、パワハラをしている上司に対して、お世辞を言ったり、一緒に出張に行ったときに肩もみをしたりして、尽くしているのです。それではまるで、その部下が上司を慕い、敬愛しているようにも見えてしまうでしょう。その一方で、相談をしている人は心の調子をくずし、最後は休職にまで追い込まれてしまいました。なぜ、体を壊すまで我慢をしてしまうのでしょうか。

「断る力」を養うためには、まず、適切なコミュニケーション能力を磨き、相手と自分との間に横たわる、認識の違い、誤解、そして立場の違いを理解し合う必要があるのです。

■アサーティブ、すなわち、賢い自己主張が「断る力」を支える

とにかく、エスパーでない相手には、こちらの考え方を説明し、共有してもらう必要があります。そして、その時にうまく説明をしないといけません。そのような形で対等な自己主張を行うことを、「アサーティブ」あるいは「アサーティブネス」と言います。

ここで誤解がないようにいいますと、アサーティブは、単なる押しつけではありません。自分の要求や意見を、相手の権利を侵害することなく、誠実に、率直に、対等に表現することを意味します。

したがって、アサーティブは下記の4つの考え方が柱になっています。

1. 誠実（自分の気持ちに気づいて、ごまかさないこと）
2. 率直（気持ちや要求を伝える時は、相手にきちんと伝わる形で行うこと）
3. 対等（自分を卑下したり、相手を見下したりしないこと）

4. 自己責任（自分の行動の結果をすべて、自分で引き受けること）

また、アサーティブを考えるときに、下記の12の権利を持つことを想定しています。

1. 私には、日常的な役割から自立した一人の人間として、自分のための優先順位を決める権利がある
2. 私には、賢くて能力のある対等な人間として、敬意を持って扱われる権利がある
3. 私には、自分の気持ちを言葉で表現する権利がある
4. 私には、自分の意見と価値観を表明する権利がある
5. 私には、「イエス」「ノー」を自分で決めて言う権利がある
6. 私には、間違う権利がある
7. 私には、考えや気持ちを変える権利がある
8. 私には、「わかりません」と言う権利がある
9. 私には、欲しいものを欲しい、したいことをしたいという権利がある
10. 私には、人の悩みの種を自分の責任にしなくてもよい権利がある

11．私には、周囲の人から認められることに頼ることなく、人と接する権利がある
12．私には、アサーティブでない自分を選択する権利がある
（出所：特定非営利活動法人アサーティブジャパン）

こうやって要件を具体化していくと、アサーティブの真の意味がわかってくると思います。アサーティブのポイントは、自分も、相手も、大事にすることなのです。私はアサーティブを「気持ちのよい自己主張」と捉えています。

そして、あなたと相手の間で、短期的に利害が一致しない場合でも、中・長期的な利害を一致させるには、相手に対して適切な意見を主張しなければならないことが数多くの場面であります。

それがすなわち、「NOと言う力」、すなわち、「断る力」なのです。これを逆に言えば、中・長期に継続的な人間関係をつくるためにこそ、「断る力」を持ったほうがいいのです。

同じく、特定非営利活動法人アサーティブジャパンが、断るということについての効用を素敵なことばでまとめていますので、紹介させていただきます。

〈「ノー」と言うときおぼえておいてほしいこと〉

「ノー」とは……

・相手と自分に誠実でありたいからこそ、言うことば
・あなたと私は違う。それがO.K.だから、伝えることば
・何ができて何ができないのかをわかってもらう理解のことば
・相手と長くよりよい関係を築く、かけ橋のことば
・あなたを「燃えつき」から救う、魔法のことば
・おかしいことにはおかしいと立ち上がる、勇気のことば

(出所：特定非営利活動法人アサーティブジャパン)

私たちは誠実でありたいから、望まないことをいやいやしたり、唯々諾々と従いながらも裏で陰口を言わないようにするために、断る権利があるということをまずは強く自覚していかなければならないのです。

「断る力」が生産性向上にとてもよく効くというのは、この断る、という武器を使わずに環境にながされてしまうと、他人に私たちの生き方を左右され、しかも、流れるがままの

自分に対して不満が生まれ、自信が無くなるので、ますます断れなくなるという悪循環を生むからなのです。

■うつになる人は他人の評価に身を委ねてしまう人である

もう一つ大事なこととして、「断る力」がない人ほど、うつ病にかかる可能性が増すということが挙げられます。「はじめに」で、シゾフレ人間、すなわち断る力が弱く、同調性が強い人はうつになりやすい傾向があるという筑波大学の松崎教授の研究を説明しました。ここではその研究をもう少し詳しく説明していきます。松崎教授は、私たちの性格を４つのタイプに分けました。

「自分の評価の軸がある人／他人に評価を委ねてしまう人」
「努力が成果に結びつくことを信じる人／努力を重んじない人」

という２×２のマトリックスをつくったのです。したがって、①努力はするし、成果を自分で評価できる人、②努力はするが、評価は他者に委ねてしまう人、③努力は重んじないが、自分で評価できる人、④努力はしないし、評価も他者に委ねてしまう人、の4つに分けられるわけです。

そして、この4つのマトリックスのうち、もっともうつ病になりやすかったのは、②のすなわち、

「努力が成果に結びつくことを信じる人」
×
「他人に評価を委ねてしまう人」

という組み合わせでした。

この組み合わせの人は、努力をするのですが、その成果を他人に測ってもらってしまいます。したがって、ある意味、他人の顔色や評価を気にしながら、行動してしまうのです。

こういうタイプの人は、人に対して強く自己主張をしたり、断る、ということが苦手です。逆に言えば、「断る力」がないからこそ、人の目、人の評価を気にして、不必要な努力までしてしまうのかもしれません。

とはいえ、④の

「努力を重んじない人」
×
「他人に評価を委ねてしまう人」

という組み合わせは、社会的評価では、たんなる「負け組」となってしまう可能性が高いということです。

結果、一番ストレスもたまらず、成功しやすいタイプは①の

「努力が成果に結びつくことを信じる人」

×

「自分の評価の軸がある人」

という組み合わせのタイプなのです。

なお、③の

「努力を重んじない人」

×

「自分の評価の軸がある人」

は、体育会系のようなスポーツマンタイプの人に多く、しかも努力が成果に結びつくことは後天的に学習できるため、①ほどではないけれども、意外とうまくいくということでした。

したがって、大事なことは、いかに同調傾向から脱し、自分自身の評価を自分で行えるようにするかなのです。

もちろん、言うまでもなく、「正しい自己評価」は必要です。そして、正しい自己評価は、周りからの適切なフィードバックを受けて、他者との比較分析を通ることで、学ぶことができます。こういった活動を通じて、

◎自分がどういう人物であるか
◎どこが自分の強みなのか
◎どこが弱みなので、どの才能を伸ばさなければならないのか

といった傾向を知った上で、自分の評価を作っていくことになります。他人からフィードバックを受けるのは、怖いことです。自分が見たくないこと、考えたくないことも見なければなりません。一方、その意見が信用できるかどうかもわかりません。だからこそ、自分の軸を作って、自分の評価を固めていく必要があるのです。

例えば、なぜ私がエゴ・サーチと呼ばれるような、ブログ検索、２ちゃんねる、ｍｉｘ

iなどで自分の名前や著作名をキーワードに検索をかけ続けるのでしょうか。それは他人から評価をしてもらうためではなく、自分の評価したいことについて、それが達成できているかどうかを確認するためです。そして、自分のブログのコメントでは、ほとんどネガティブな批評は入りませんから、中立的なブログやmixi、ネガティブに偏る2ちゃんねるなどを併用して、PDCAサイクル（Plan-Do-Check-Action、すなわち、計画し、実行し、チェックして、もう一度アクションを起こす、というサイクル）を早く回していくのです。

大事なことは、自分の評価はあくまで自分で作っていくものであって、必ずしも、世間一般に迎合しなければならないものではありません。なるべく多様な意見で多くのフィードバックを集めることで、評価を固められるのですが、これはあくまで自分の評価を作るために活用します。もちろん、すべての人が自分の評判をネットで得ることはできないので、企業の人事評価制度を活発に利用したり、『さあ、才能《じぶん》に目覚めよう』（日本経済新聞社）のような客観テストを利用したり、上司のアドバイスや同僚のアドバイスを利用したりする、という形で、良質な意見を集めます。逆説的なようですが、たくさんの他者の評価を集めれば集めるほど、自分の客観的な評価基準をもてるようになるのです。

そして、幼少からの育成時期や、日常の生活において、自分で決めて、自分で考えて、そして自分の軸で評価をしたときに成功と思えること、すなわち成功体験を繰り返すことで、私たちは自己確信を育てていくことができます。

一方、成功体験がないまま、非常に限られた他者の評価にしたがってしまうと、変な宗教にはまったり、人をこき使うだけの会社に就職してやりがいを感じるままに過労死寸前まで行ってしまったり、人をコントロールすることに長けた異性に捕まって縛られ、搾取され、DV（ドメスティック・バイオレンス）に至ったりしてしまうのです。

自己確信を育てていけるのは、あくまで自分だけです。「断る力」というのは、自分がさまざまな意見や要望、行動の中から取捨選択することではじめて自分を形づくっていくエンジンになるのです。

■「断る力」をもたないと「子どもサッカー」をプレイしてしまう

最近、友人のファンドマネージャーと話をしていて、「『子どもサッカー』をプレイしてはいけない」という言葉を聞いて、「なるほど」とその表現に感心しました。「子どもサッカー」とは、戦略性も何もないまま、ひたすらボールを追いかけて、ゴールをめざすような、子どもたちがおこなうサッカーのことです。

幼稚園や小学生ぐらいの男の子が野原でやっているようなサッカーを思い出してください。あるいは、自分がその頃やっていたサッカーを思い出してもらってもいいです。

「子どもサッカー」では、Jリーグのような戦略を持ったプロのサッカーとは違い、チームワークもなにもなく、とにかく、ひたすら一つのボールをみんなで追いかけています。実は、これと同じことが、ひたすら目の前のボールを追いかける、すなわち、ボールを追いかけるという流れに疑問を持たず、断らないことによって起きてしまうのです。

そして、日本では多くの潜在的には優秀な人たちが、「断る力」もなく、ひたすら人の評価を気にして努力を重ね、Aさんに言われたらここを改善し、Bさんに言われたらこの仕事を引き受け、そして、Cさんに怒られたらまずはそれに対処する、そんなことを繰り返し、社会や職場でひたすら「子どもサッカー」を繰り広げているように思われてならないのです。

なぜ、私がここまで厳しく言うかというと、繰り返しになりますが、私自身が子どもサッカーを長いことプレイしていたからです。そのことを一番最初に指摘されたのは、27歳で受けにいったマッキンゼーの面接の時でした。これまでのキャリアを一通り説明したところ、人事マネージャーから「それは誘われたから、たまたまチャンスがあったから」など、流されるままであり、私の主体性が見えない。本気でマッキンゼーを受けに来ているのか、キャリアとして大丈夫か、と聞かれてはじめてそこで、「自分が子どもサッカーを競技していたのだ」と気づいたわけです。そして、気づいてからも、結局断る力をつけて自立できるまでは、それから数年を要しました。

ただ、自分が子どもサッカーをしているということに気づきさえすれば、サッカーの陣形を学び、仲間を募り、戦略を考えるという次のステップに進むことができます。問題は、多くの人が、自分が子どもサッカーを演じていることに気づかないまま、下手をすると企業の中で定年を迎えてしまうことなのです。だからこそ、定年後は自分で動くことができず、抜け殻、あるいは濡れ落ち葉のような、たいへん不本意な評判を立てられてしまいます。

同じく、子どもサッカーの事例として、テレビ番組の企画を例に挙げて考えてみましょう。最近、バラエティ番組が多すぎて、視聴者に飽きが来て視聴率が落ちていたり、あるいは、視聴率が取れても購買につながらないため、テレビの広告が集まりにくくなっています。実は、これも「子どもサッカー」と同じことなのです。

私がメディア業界の証券アナリストをしていた2005〜2007年の時代、テレビ局では広告費の伸びが鈍化をしてきたことを受けて、番組制作費削減の大号令がかかっていました。なぜなら、インターネットなどの影響でマスメディアからだんだんと視聴者が離れていく中、ドラマやドキュメンタリーのような大型コンテンツに高い制作費を使ってもなかなか回収できなくなってしまいました。一方、「エンタの神様」（日本テレビ系列）や「爆笑レッドカーペット」（フジテレビ系列）といったバラエティ番組の成功を受けて、お笑いブームが来ていたのです。結果、10億円を出して作っても視聴率が7％になるか、20％になるか、わからないドラマを作るのではなく、1億円の制作費で確実に10％の視聴率が取れるバラエティ、特にお笑い系の番組を各テレビ局が一斉に、比較的安い人件費と制作費でただひたすら作っていきました。もちろん、これは株主や経営陣からそういうプレッシャーが現場にあったことは言うまでもありません。

テレビ企画の多くがバラエティに突進し、子どもサッカーをプレイした結果、2008年に何が起きたかは、みなさんご存じの通りです。東京のキー5局、大阪の準キー5局が2008年11月に発表した2008年度中間決算は、「赤字」と「減益」ばかりでした。

日本テレビ放送網（ＮＴＶ）が半期ベースで37年ぶりの赤字転落、テレビ東京も中間決算の公表を始めた02年以来、初の赤字。視聴率トップのフジ・メディア・ホールディングスも前年同期より46％の減益です。

芸能人のトークやバラエティに頼った番組作りが、視聴者と広告主の双方の離反を招いてしまいました。その民放離れの受け皿になったのは、受信料の不払いで危機感が先に生じていて、視聴者向けのサービスに特化をはじめたＮＨＫであり、北京オリンピックも、ドラマも大河ドラマ「篤姫」などのＮＨＫの番組が民放を抑えてトップ視聴率になったというのは皮肉なことです。

もちろん、バラエティ番組は必要です。しかし、それに頼ってばかりいると、バラエティ番組に出るタレントの人件費が高騰する一方、同じような番組が増えすぎることで視聴率割れを起こしてしまい、テレビ離れを加速し、結局はますます業績を悪くしてしまったわけです。これは、要請を受けた段階で「おかしいのではないか」と一人一人が「断る力」を発揮することで、防げた可能性があるのです。

同じように、サブプライムローン問題にしても、「子どもサッカー」の結末といった側面があります。世界中の金融機関が、本来信用のきわめて低い債権をどんどんと証券化していくことについて、疑問を持たず、その時の短期的な他人からの業績評価や業務の流れに身を委ねてしまうと、あっというまに流されてしまいます。

やはり、人と違うことをしたり、相手に「ノー」を言ったりするためには、常に自分の頭で考えるという作業が必要になります。逆に言えば、周りに同調しすぎて、「子どもサッカー」にノーと言える力を失うと、考える能力自体が失われてしまうということです。

例えば、私は証券アナリスト時代、「格下げの女王」という異名を受けたことがあります。当時のインターネット関連会社の評価がバブル的な評価で高収益の継続性が極めて乏しかったため、実際の数値での分析結果と将来予測を元に、過度な評価であることを、証券アナリストレポートを通じて訴え続けました。そのこと自体、大きな勇気が必要でした。会社が言うことを無難にまとめて「だからこの株を買いましょう」というレポートを作ることはとても簡単だからです。しかし、その繰り返しがさまざまな金融バブルを生んでしまうのだと私は信じています。だからこそ、既存の枠組みを疑って、自分の軸を持ち、自分の評価で意見を表明する習慣をつけることが中長期的にはもっとも有効な成長方法であり、生き残り方法であると信じています。

「問題を疑う」という表現を使いますが、上司から命令されたことでも、あるいは世間で

「常識」と言われていることでも、さまざまな命令・考え方・発想などを、そのまま考えることなしに受け入れるのではなくて、相手の要求するフレームワークを本当に受け入れていいのかどうか、常にまず疑ってみるのです。しかし、ここで注意をしたいのは、むやみに相手のあらを探したり、ひっくり返すことに重点を置くのではありません。全体像の中で、どこまでが支持できて、どこまでがより考える必要があるのか、その割合を考え、自分の軸で一度問題を置き直してみる習慣なのです。

■「問題集をひたすら解く」ような教育は考える力を失わせる

私が曲がりなりにも、20代のさまざまな経験を通じたあとに、30代になってある程度「断る力」が備わりはじめたのは、私の中学・高校生活にその土台があるのではないかと考えます。私は中学から慶應の付属に入り、「独立自尊」という校風の元、同調圧力が小さいところで育ってきました。比較的、人は人、自分は自分という感じで、少数意見でも気にしないし、変わっていることがあるからといってそれを原因としていじめの対象にするわけでも、あるいはそれを是正するような動きにはなりません。

なぜそういうことを考えるようになったかというと、例えば「開成—東大」、あるいは「桜蔭—東大」といった人たちは、一緒に仕事をしてきた同輩や後輩を見てきて、いい意味でも、悪い意味でも、すごく環境適応性が高く、断る前にまずは力ずくで仕上げてしまうような傾向を感じているためです。これは、優秀だと言われる官僚や、大企業の部長クラスの人たちにも強く感じる資質です。つまり、子どもサッカーを行うときに、もっとも足が速くて最初にボールに到達した人たちです。

もちろん、一概に私立だから「断る力」が育つ、というわけではないでしょう。校風と同じく、家庭のあり方とも大いに関係してくるからです。私の両親のうち、母はかなり同調志向が強く、人に勧められたら断らないし、枠組みの中に囚われるタイプでしたが、父はかなり独立志向が強く、自分で商売もやっていたためか、自分で考えることを強く行動で示していて、私もそこからことばにならない教育で受けてきたと考えます。

そして、意識的にも、無意識的にも、「断る力」をはぐくみ、自分の頭で考えるという教育方針を持った家庭は、それと相反した校風を持つ学校に子どもを入れようとは思わないのです。

例えば、私自身が中学受験を控えていた当時、受験校の候補としてある御三家の進学校を考えていました。ところが、その学校に親子で見学に行ったところ、奇妙な違和感がありました。生徒の雰囲気や、先生の雰囲気が非常に同質的なのです。見学の際に授業中の教室にいっても、親子が近づいているのですからかなりざわざわするのですが、誰も振り向きもせずにじっと授業を受けていました。先生も生徒もそういった感じで統制が取れている状態です。私は健全な好奇心があれば振り返ってもおかしくないと思ったので、不思議な思いをしました。そのため、その学校には受かったのですが、結局慶應に入学しました。進学塾の先生からは、その学校に進学すれば慶應大学にはほぼ確実に入れるのだから、もったいないと言われましたが、親も同意見だったのです。

これだけならまだ小さいときの笑い話程度で済むはずですが、先日、うっかりその学校の出身の知り合いにメールでそういったエピソードを送ったら、とても強い反論が返ってきて驚いたことがあります。私にとっては「違和感」になったものが、その学校の中にいた人たちにとっては「誇り」であり、「愛校心」の源になるものだったのでしょう。実際、その知り合いもかなり同調志向が強く、私がさまざまなことについて断ったり、取捨選択することについて、ずいぶんと注意を受けました。あまりにも注意をうけるので、自分がおかしいのかとかなり悩んだのですが、やはりもういいや、と吹っ切ることができて、それから本当に楽になりました。そういう考え方の人もいるけれども、自分は自分で評価を行い、自分で考えるということを決意できたからです。

この本を読んでいる方はもう、ほとんどの人がすでに学校を卒業していることと思いますが、私たちの子どもが通うことになる学校を評価する際に、やはり、その学校が同調志向を重んじるのか、そうでないのかという「校風」をチェックすることはたいへん重要だと思います。具体的には、学校が理念として掲げる「教育の目標」や「校訓」といったものを学校案内やインターネットの学校のページを見ることでわかるわけです。

「礼と学び」「親和協力」といった目標を掲げる学校と、「自立」「独立心」といった目標の学校とでは、どちらが「子どもサッカー」に興じる学校で、どちらが「断る力」を育てる学校かがわかることでしょう。例えば、最近、東大を始めとした難関校への進学率が急上昇し、スポーツでもオリンピック選手を多数輩出し、インターハイにも出場が多い渋谷教育学園グループ（渋谷教育学園幕張中学校・高等学校や渋谷教育学園渋谷中学校・高等学校）を考えてみましょう。2008年の北京オリンピックでも同校出身の中村美里選手が19歳にして女子柔道52キロ級で銅メダルを獲得しています。

渋谷教育学園グループは校長である田村哲夫氏の方針として、「自調自考」（自分で調べ、自分で考える）を重点に置き、各教室に「自調自考」の標語を掲げると共に、シラバスを使った教育や修学旅行なども往復の交通チケットを自分達で調べて手配するなど、ユニークな教育を展開しています。

また、渋谷教育学園グループの教育方針には3つの柱があり、1つは「自調自考」ですが、残りの2つは「高い倫理感」と「国際人としての資質を養う」です。日本はパラダイス鎖国、といわれるように、ある程度の規模の産業と人口が国内に内在するため、江戸以降、現在に至るまで、「ハイ・コンテクスト文化」と言われる、「空気を読む」「礼」「親和」を大事にするという美徳を身に付けさせることが、優先されてきました。しかし、そのビジネスモデルには限界が来ているのです。

もちろん、礼節や親和が大事なことは変わりません。しかし、バランスと資源配分の問題であり、同調しすぎない教育、自分で考える教育、が必要になってきています。学校教育一つとってみても、日本で確実にパラダイム・シフトが起こっていることがわかると思います。

「断る」、すなわち、自分の考え方の軸で評価し取捨選択することを恐れ、周りの同調圧力に合わせているだけでは、残念ながら「コモディティ（汎用品）」を抜けだせない時代になってしまったのです。そして、「コモディティ」であれば、残念ながら、中国やインド、ブラジルの人たちの方が、よほど仕事熱心で給料も安いので、「コモディティ」の状態で日本に残っている仕事は非常にきつい仕事か、あるいは海外の外国人と同じ給料しか払わなくてもいいのなら、という仕事しかなくなってしまっているのです。

■「コモディティ」にならないためには「スペシャリティ」になる環境を選び抜かなければならない

「断ること」を多くの人が恐れる背景には、相手に嫌われるのではないか、というおそれがあると思っています。とはいえ、「嫌われる」ということは、「相手があなたを嫌う」ということである以上、あなただけの責任ではありません。双方のコミュニケーションにおいて生じることなのです。したがって、回避できる嫌われもあれば、回避できない嫌われもあります。嫌われることにはもちろん、いろいろな理由がありますが、多くの場合は

◎単に相手と相性が合わなかった
◎巡り合わせやタイミングが悪かった

といったような、そもそも自分という存在そのものが嫌われる理由であったり、あるいは、そのタイミングでその巡り合わせだとどんなにベストを尽くしても嫌われた、という外部要因があることが多いのです。

私たちが、相手の好き・嫌いを判断するときには、「何となく好き」「何となく嫌い」ということがあります。もちろん、返報性の法則で、自分によくしてくれた人、自分を好いてくれた人を好きになるのは間違いありません。では問題は、私たちが24時間365日、すべての人たちにいい顔をして、相手の望むように行動して、相手に成果を出し続ける、そういうことができるでしょうか？　あるいはできたとしても、1人1人の相手に対して、それがとても薄っぺらいものになってしまうことは想像に難くないと思います。

実際、商品開発のためにマーケティングを行うときのポイントは、いかに具体的にターゲットとなるユーザーを絞り込めるかということです。すべての人から好かれる商品、好かれるサービスなどはあり得ません。あるいは、その不可能に挑戦しようとした場合には、ほわーーーっとしたとんがりのない、キバを抜いた商品になり、結局誰も買わない中途半端なものができることが多いのです。もちろん、そういう万人に受けるお化け商品がごくまれにでないこともないではありません。例えば「サザエさん」や「紅白歌合戦」などがそうですが、そういうものは何十年に一度しか出ませんし、そういうものもピークを越えるとユーザーの支持を失ってしまいます。

それよりは、流行る商品はまず特定のユーザーに熱狂的に受け入れられ、それがほかのユーザーにも波及していく、ということがより一般的なプロセスです。したがって、私たちが万人にいきなり受け入れられることを願うよりは、特定の分野で、特定の相手に対してしっかりとした成果を出し、それがだんだんと波及することで、私たちは「スペシャリティ」になることができるのです。

また「コモディティ」と「スペシャリティ」の一番の違いは何かというと、相手にとって、「コモディティ」はコスト勘定で処理をされるが、「スペシャリティ」は投資勘定として処理されるということです。すなわち、「コモディティ」とつき合うことはつき合う相手の売上や収入を上げることはないので、なるべく安い相手や使い勝手のいい相手を探すことになります。それに対して「スペシャリティ」になるということは、相手が実行しようとしている仕事の価値そのものを上げるため、たとえ高い対価を払ったとしても、それ以上の利益が得られる場合には、喜んで対価を払おうとすることです。

そして、私たちが「コモディティ」になるのか、「スペシャリティ」になるのかは、実は場面次第、相手次第なのです。例えば、私は仕事の中で、バラエティ番組の出演依頼は断っています。なぜなら、バラエティ番組においては、私は「コモディティ」だからです。その番組に出ることで、その番組自体の価値が上がり、視聴率が上がるタレントが、バラエティにおける「スペシャリティ」です。だからこそ、視聴率が取れる有名司会者や有名タレントは、1回何百万円、あるいはそれ以上のギャラをもらえるのです。

それに対し、文化人枠の1人として、芸能人枠よりは安い出演料で、ちょっと気の利いたこと、あるいはドジなことをしてくれればいい、それがバラエティ番組の中で文化人枠が「コモディティ」として求められているポジションです。もちろん、番組に出て自分の主張を電波に乗せて広げるために出る方もたくさんいますし、自分の宣伝と割り切って出る方もいます。それはそれで、個々人の評価基準があり、価値判断があるのでいいと思いますが、私はその時間があったら、自分をスペシャリティとして位置づけられるところに時間を使いたいのです。

そのため、私は男女共同参画や少子化に関する議論やセミナー、あるいは投資業界における政策懇談会、経済番組などには積極的に参加します。経済誌の連載にも力を入れています。自分の話の内容や記事次第で、セミナーの参加者の満足度が変わる、部数の伸びがあるなど、リターンを実感できるからです。

なぜ、私たちが場面ごとにコモディティになったり、スペシャリティになったりするかというと、それはほかの人がいかに私たちの力を必要としているかという需要と、私たちがほかの人に比べてどのくらい競争優位があるかという供給のバランスで決まるためです。

常に、自分の力を他者との関係性で捉え続け、どこで何をするべきなのか、せっかく1日24時間しかない私たちの時間を配分するときには考え込まないといけないわけです。なぜなら、これまで私たちが人に役立つようになれるまで、さまざまな人の時間を使ってきたわけですから、その人たちの時間を無駄にしないためにも、どこで力を発揮すれば、いちばん相手、そして社会全体に貢献できるか、考え続ける癖をつけることです。

すべての人にまんべんなく、公平にリクエストに応えようとすることは不可能です。その不可能にチャレンジしてしまうと、自分の個性を消して、キバを抜いて、ひたすら「いい人」になる必要があります。例えば、ロイヤルファミリーの方々、ダイアナ妃などは国民すべての人に好かれなければならなかった、そこに無理や疲れが生じるのではないかと私は思います。

一方で、断るときにそれがさも当然だというような態度を取って、わざわざ敵をつくることがないよう、考え抜く必要があります。相手の要請を断るときこそ、相手の立場を考え、出来る限りの対案を考え、相手の気持ちを自分の気持ちのように大事に考えるのです。それが出来ない時点では、断る権利がないと思っています。したがって、いつでも

「必要以上に相手を不快にすることはない」

と考えるべきであり、私たちが相手に「ノー」が言えるために重要な、アサーティブの要素です。私はこれを「（感じが）いい人キャンペーン」と名付けています。私たちが人づきあいで行うルールとして、直接対応した相手に、こちらが要望を受け入れたにしても、拒否したにしても、感情的な反感を持たれてしまった時点で、「ノックアウト」なのです。

そのため、相手に伝えたいことを伝えるためには、まず相手からこちらが信頼されているということが、第一条件です。その上で、ノーを言う場合には、

◎こちらが、意地悪で主張しているのではない

◎相手をわざわざ傷つけようとしているわけではない
◎相手の価値観は理解した上で話をしている

ということを、心の底から相手との信頼をもって伝えないといけません。すなわち、断ることによってかえって相手からこちらへの信頼が増すとか、あるいはこちらに対してファンになってしまう位の気合いと誠意が必要なのです。

■「断ること」によるデメリットは思ったより少ない

もちろん、持って生まれた性格や、あるいは前に説明した家庭環境、教育環境の中で、人から評価されることを喜びとする人と、自分の満足度をとことん追求する人、その中間の人がいるのは確かです。しかし、相対的優位性として、日本は同調思考を重んじることが優先されるがあまり、逆に同調思考を追求すること自体が相対的な優位性にならないほか、特に海外との競争において、自己主張の弱さ、断らないことによる弊害が目立ってしまいます。

自殺率の国際比較

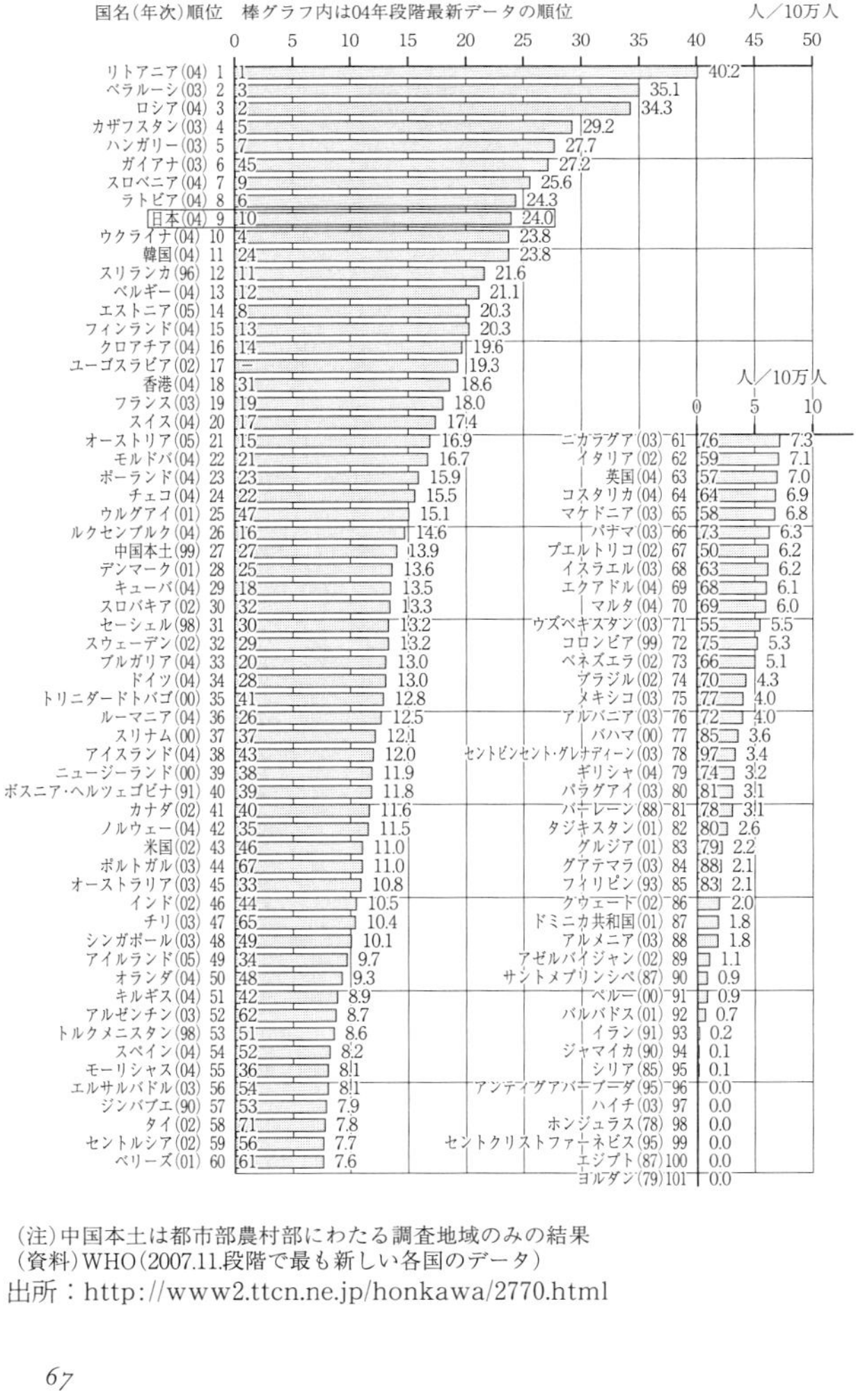

（注）中国本土は都市部農村部にわたる調査地域のみの結果
（資料）WHO（2007.11.段階で最も新しい各国のデータ）
出所：http://www2.ttcn.ne.jp/honkawa/2770.html

自殺率世界マップ

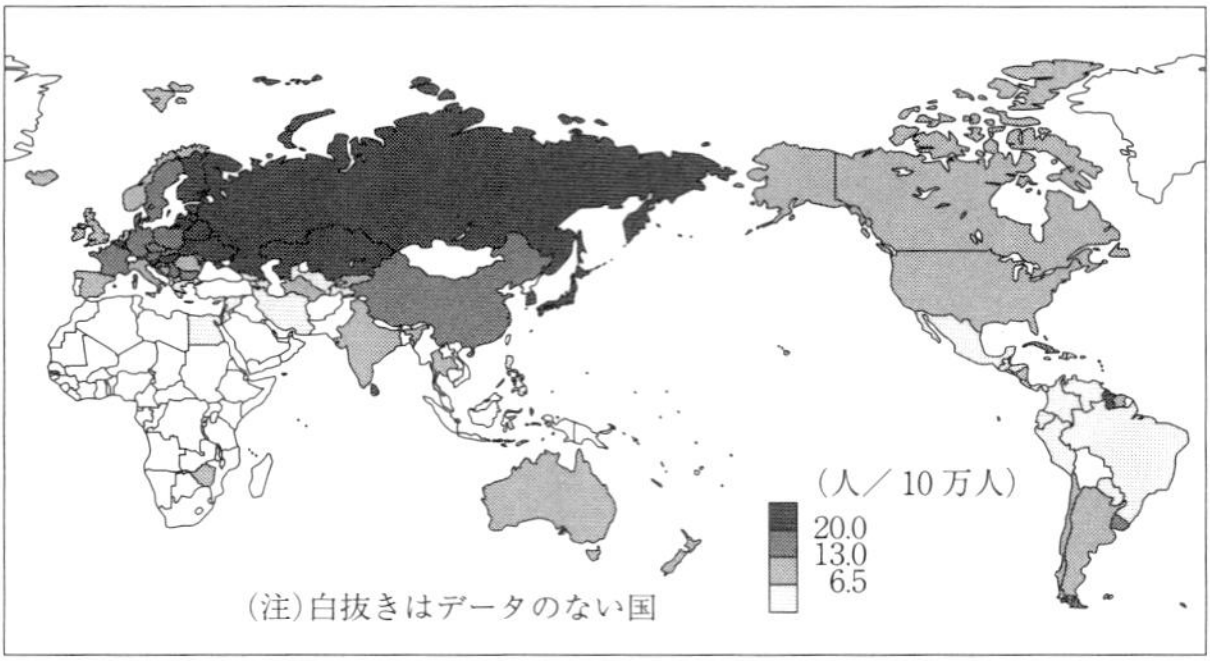

出所：http://www2.ttcn.ne.jp/honkawa/2770.html

他者に評価を左右されるとうつ病などを併発しやすくなります。そして、もちろん同調思考だけが原因ではなく、失業率の増加や社会のセーフティネットの不備などもあるため、因果関係はもっと定量化をしなければなりませんが、それでも、年間3万人もの自殺者が発生し、人口10万人当たり24人というのは高い数字です。

この数字は、WHO101カ国中世界第9位の高さで、日本より高い国はリトアニア、ベラルーシ、ハンガリーなど東欧諸国に偏っており、比較的社会状態が安定しているOECD諸国に限った場合には、最も高く、アメリカの人口10万人当たり11人に比べても、倍以上高いのです。

その背景には、自分の意思を持って選択をし続けることに対して、社会的な応援の仕組みが小さく、それを推奨する雰囲気がないということを考えるべきでしょう。

この原稿を書いているときに、ちょうど甥が家に遊びに来ました。今大学1年生ですが、それなりの受験戦争を乗り越え、難関校に通い、大学では経済学を専攻しています。そして、これからどうするの、ということを聞いても、「うーーーん、うちの学部にいればそれなりのところに就職できるし、そこで幸せだからそれでいいんじゃないかな」という答えでした。ちょうど、その3歳下の高校1年生の姪が冬休みの宿題で、仮想の雑誌の記者になって親戚にインタビューをするというものでついてきたのですが、私が姪に説明した日本の競争力低下、男女共同参画の難しさ、人口減少などの問題についても、姪は深刻な問題として捉えましたが、甥にとってはやはり「人ごと」で実感がなく、まずは、敷かれたレールを着実にこなすことに注力したいようでした。

その会話で納得したのが、ある意味、恵まれた立場にあると、例えば甥の場合、自分で取捨選択をして断る理由がないのです。そのため、まずは従順に枠内で生きることが今現在は最適な行動になってしまいます。しかし、この原稿を書いている2008年後半は、トヨタが赤字になり、ソニーが1・6万人の人員削減を行うなど、これまで万全と思っていた社会基盤が崩れつつあります。

すなわち、いつも周りを疑いつつ、考えつつ、どこで集団的な意思と離れて、どこで自分の軸を持つかということを繰り返さないと

◎あなたが本当にしたいことができない

ことにもなります。その基礎になるのが、「断る力」です。

それでは、

「断って、その結果、嫌われることによるマイナス点」

は何があるのか、もう一度冷静に考えてみましょう。私たちは、小さい頃から呪文のように、

◎友だちに嫌われたらいけない

◎人づきあいはよくしなければいけない

と言われ続けてきました。前にも説明をしましたが、断るときに自分からわざわざ嫌われるように振る舞う必要はまったくありません。しかし、断ることによってもし、相手の不興を買って嫌われた場合、何が起こるのでしょう。

その時に自問してもらいたい、1つの魔法のキーワードがあります。それはです。

「友だちは何人必要か?」

です。このことを、改めて考えてみましょう。

おそらく、私たちに必要な友だちは、

◎親友＝2人
◎食事や仕事仲間＝5〜10人

といったところではないでしょうか。そして、私たちは人の悪口を言わないよう、躾《しつ》けられてきました。だからこそ、逆に悪口・陰口を言う人は信用されません。もし、自分の周りの人が、例えばあなたのことをほかの人に悪く言った場合に、あなたのことを悪いと思うのか、わざわざそんな陰口を言うような人のことを信用するのか、それはひとえに私たちの行動次第です。ふだんから、信頼に足る行動、実績を繰り返していれば、陰口の被害は回避することが可能なのです。

ある意味、「有名税」ということばもありますが、活躍した人たちに悪口・嫉妬・陰口が起こることは回避できません。実際それは、ゴシップ・スキャンダルネタが大好きな週刊誌やテレビ、あるいはネットですと2ちゃんねるのようなところでその存在は明らかでしょう。しかし、陰口は回避できなくても、陰口による実害を回避することは十分に可能なのです。

いずれにしても、ふだん私たちが生活し、能力を発揮していく中で、

「すべての人に好かれる必要」

はないのです。あるいは、そのこと自体、不可能なのです。もちろん、わざわざ嫌われる必要はまったくありません。しかし、嫌われることを恐れるがあまり、自己主張が出来なくなったり、断らなくなったり、その結果として人への従属意識が芽生えてしまい、知らず知らずのうちにリスク回避的な行動や、同調行動、流される行動になってしまうことが問題なのです。

■同調はしやすいものと認識しなければならない

もっとも、その同調行動は私たちの心理に根強くあります。同調行動について1950年代に心理学者ソロモン・アッシュが行った実験があります。これは、7〜8名ほどの人を1グループにして、次ページのような長さの違う、図Aと図Bの2枚のカード上に引いた線を見せて、図Bのなかの1)2)3)のどれが図Aと同じ長さかを聞く単純なものです。ポイントは、図Bの3本の線は、ちょっとやそっとでは間違えないくらい、明確に長さが異なっているのです。すなわち、答えが明確だということです。

アッシュの実験では、1グループに集まった人のうち1人だけが本当の被験者で、残りは全員サクラ（もちろん、本当の被験者はそのことを知らない）です。そして、このようなカードの対が18組あるのですが、サクラが18組中、12回までが一致して誤った答えを言い、その後に本当の被験者が答えるという手順を踏みました。そう、1人で答えるのでしたら、明らかにわかるような答えでも、多数派の人たちがたまには合うけれども、3分の2の間違った答えをそれが正解だとプレッシャーをかけたら、どうなるのでしょうか？

結果はなんと、真の被験者の37％もの人が、こんなに簡単なカードでも、同調したのです。しかも、同調しなかった人も、冷や汗をかきながら、かなりのプレッシャーの中で正しい答えを示したということでした。

この実験としては、多数派がおおむね少数派の3倍以上になると、同調傾向が強まるとしています。実際、これは経験則としても正しく、例えば多様性（ダイバーシティ）の研究においても、男女の比率が3対1以上の職場は急速に生産性がよくなることが知られています。これは、多数派の同調傾向が弱まり、「空気」で偏った意見形成が牽制されるからと考えられています。

いずれにしても、私たちは自分達の3倍以上の人たちが

図A

1)

2) ____________________

3)

図B

1) ____________

2) ____________________

3) ____________

◎断ってはいけない

◎すべての人に好かれたい

という「思い込み」を持っているとすると、そこから抜けるのはとてもたいへんです。特に、都市部と地方部を比べると、地方部の方がより強く同調傾向を求めます。

また、閉鎖的な学校生活が、日本ではこの同調傾向を助長します。小学校、中学校、高校時代に身につけてしまった「認識のゆがみ」があるのです。

なぜなら、学校や教室という狭い空間の中では、先頭に立って誰かを仲間はずれにするクラスメイトがいて、そこに多数派としてのみんなが同調すれば、それこそ逃げ場がありません。私の住んでいる地区では子どもの学校が選択制で、自分の割りあてられている学区とその隣まで選ぶことが出来ます。その時に親同士の合い言葉になっているのは「1学年1クラスの小学校は避けよう」ということです。少子化で、いくつかの学校は1クラスの学校も増えているのですが、1クラスの中で何かトラブルがあると、そこから親が救うことは、ずっとついていることができないのですから、不可能だからです。

そして、「いじめ」は時には「自殺」のような不幸を引き起こすほど強いプレッシャーを子どもに与えます。また社会的な成熟度がない子どもにとって、いじめから自分を守るために、どうしても人の目を気にして、同調し、目立たないよう、断らないようにしようと立ち回らざるをえなくなります。

幼少期からこうしたマイナスの環境下にいると、それがいつしか「認識のゆがみ」となり、そのひとの人生の「習慣」となってしまいます。ここでは学校だけを例に挙げましたが、家庭内教育でもさらに同調傾向を求める親に育てられた場合には、その思い込み、思想を抜け出すのは至難の業になります。

■会社は同調思考を抜け出せるチャンスになる

そのような学校、家庭のくびきから放たれる可能性があるのが、実は社会人生活、一般的には会社で鍛えられることなのです。もちろん、閉鎖的な会社はいくらでもあります。特に、官僚組織そのものや、官僚組織に近い会社においては年功序列がしっかりしており、同調傾向が強く同調的な行動を阿吽で取れる人が出世しやすい職場がまだまだ多いことも確かです。

しかし、一般的な営利企業においては、企業ごとのミッションや収益目標、利益目標が明確なため、経済合理性に基づいて動くことが求められます。結果、同調的な行動をとり続けると、会社の業績自体が危うくなったり、あるいはイノベーションの不足により、競争力がなくなったりすることを経験則として理解をしていますから、それぞれの個々の能力を測定し、それを伸ばすための事業の割り振りをしていくことがベストプラクティスになるのです。

しかも、日本の企業の場合、定期的な人事異動があり、上司や自分自身が部署替えになることにより、あまりにも強い同調思考だけが社内的なキャリアアップの要因になるということを防ぐ機能もあるわけです。これはある意味、日本的な雇用の安定を望む価値観の中で、業務の中で1人1人の仕事のやり方の固着を防ぐための日本企業としての知恵だったのかもしれません。

しかし残念ながら、最近は業務が複雑化し、日本企業のような数年間のローテーションだけでは業務に必要とされるプロフェッショナルの育成が難しくなってきました。結果、1つの部署にいる期間が長くなってきており、逆に会社の掟や考え方に染まった同調思考に陥る危険性が高まってきています。また、いわゆる古参社員やお局様が会社の業務革新の妨げになるのは、それぞれの社員自身の考えが多数派のルールと化してしまい、それに逆らう思想や拒絶、あるいは反応などについて過剰に反応するリスクがあるためです。

だからこそ、1人1人が業務への固着化のリスクを防ぎ、あるいは日常でのちょっとした仕事のプロシジャーでの非効率化を防ぐために、命じられた仕事、与えられた手順が本当に合目的なのか、疑い、考え、そうでなければ、それを一旦は「断り」、その上で代替案を示すという習慣づけをしていく必要があります。

ある意味、これまでの学校での勝ちパターンを続けていると、上司から「従順すぎて、『秀才タイプ』だが、一から十まで指示しないと使えないやつ」であるとか、「おろした業務についてバカ正直に仕上げすぎるから、こちらがかえって疲れる、あるいは不安になるから、単純作業だけやらせておこう」ということで、仕事量だけは多いのに、新規性がある仕事や判断能力が必要な分野には携わらせてもらえないようになり、それでますます単純作業にのめり込むという悪循環が起こることに注意が必要でしょう。

そうはいっても、当然、上司には「自分に『断る力』などを発揮されたら困る。同調思考を持っている人間こそが使いやすい」と思うタイプの人が一定割合います。なぜなら、こういう人たちは相手が人間であり、心を持っているということについての理解が浅く、自分のために尽くしてくれるロボットくらいにしか思っていないためです。そして、そういう人たちは、うまく相手の自尊心をくすぐりながら、一方で傷つけながら、相手をコントロールしようとします。そういう相手にこそ、同調思考のある人たちは捕まりやすいのです。オウム真理教の実行犯たちが、高学歴で高い職業能力を備えていたことを思い出してください。オウムは極端な例にしても、「断る力」を身につけるためには、そういう相手への対応策も考えておかなければなりません。

したがって、社会生活では、上司によるパワハラ（パワー・ハラスメント）や、異性（主に男性）の上司や同僚によるセクハラ（セクシャル・ハラスメント）など、陰湿なイジメをする人たちに出会うこともしばしばあるでしょう。そこで、自己主張する「習慣」を学校生活などで失ってしまった結果、「断る力」を発揮できないと、泣き寝入りになってしまいます。多くの人は、理由もなく悪意を持って嫌われたり、相手から一方的に攻撃を受けたりすることに対して慣れていないからです。そこで、自分にも悪いところがあるのではないか、などと勘違いをはじめてしまいます。もちろん、すべての場面ですべての上司が100％悪いわけではありません。しかし、理不尽な目にあっているときには、そこで自衛をしなければならないのです。

会社でハラスメントにあったときにどうすればいいか、専門家ともよく議論をするのですが、大事なことは、まずは事実の把握です。具体的には、

◎相手の発言の一部始終をどんどんＩＣレコーダーで録音する

◎相手の言動を逐一、日時と行動パターン付きでメモする

といったことを行ないます。なぜなら、実際にこのことが紛争化して訴訟や人事裁定になったときに、私たちの身を守ってくれるのは証拠しかないためです。そして、１人で泣き寝入りをせずに、ハラスメントをする上司や同僚の上司や、少し大きめの会社なら設置されている、人事部や総務部のハラスメント対策部署に記録を渡して、まずは現状を認識してもらうのです。

社会人になり、学校のような枠組みがなくなって流動性が高まったことは、個々人の「断る力」を育成し、発揮しやすい環境になるのですが、一方で、自衛のための情報収集や正しい意思の伝え方についても、同時にはぐくむ必要があります。「断る力」の権利を持つためには、それなりの準備が必要なのです。

■「断らないこと」のメリットとは何か

これまで、「断ること」のメリットをずっと説明してきました。しかし、人間は「断ら

ないこと」についても、何らかの見返り、すなわち、メリットがなければ、行いません。したがって、「断ること」にメリットがあることは理解しているし、「断らないこと」でのデメリットもわかっているが、「断らないこと」にもメリットがあるからこそ、新しい行動のパラダイムに移れないわけです。

だからこそ、ここまで読んできたあなたに、改めて聞きます。

「断らないことは、あなたに何のメリットがあるでしょうか？」

そう、私たちには断らないことにも、強烈な誘因、インセンティブがあるのです。そして、その誘因は何かというと、

◎モノを深く考えないで済む

ということなのです。断らない、人の言うことにしたがっていく、ということは私たちを

思考停止にしたとしても、ある程度は成果が出てしまうのです。曰く、「親がそうしろと言ったから」「友人からそうアドバイスを受けたから」「上司に誘われたから」「恋人がそうしろというから」などなど。はい、とてもとても楽な生き方です。これだけで生きられるのなら、それに越したことはないでしょう。しかし、問題はそのアドバイスをしてくれた親、友人、上司、恋人が間違っていたらどうするのでしょうか？　そして残念ながら、よほどの人でない限り、自分以外の人のことは、自分のことほどは真剣に考えていません。しかも、たとえ真剣に考えてくれていたとしても、もちろん、しばしば間違えるのです。

よく、ＤＶ（ドメスティック・バイオレンス）やモラル・ハラスメントにはまってしまう人の特徴は何かというと、ＤＶやモラハラを行っている相手から、「おまえは俺（私）がいなければ、ダメなんだ。こちらが言っていることにしたがっていればいいのだ」という強烈な暗示をかけられてしまうことにあります。これが、人のことなら「何であんなバカなことにつき合うんだろう」と冷静に見ることができるのですが、実際にその場にたってみると、前述のアッシュの実験ではありませんが、ついつい、それにしたがってしまうのです。

しかも、残念ながらこういうＤＶやモラハラを行う人間は高圧的であり、それがかえって立派に見えたり、周りを搾取することでハイ・パフォーマンスを得たりしているので、世間の評価が高くて始末に負えなかったりするのです。

また、DVやモラル・ハラスメントを行ってしまう人間の多くは、自己愛性人格障害、あるいは反社会性人格障害と言われるような資質があり、他人に対する共感が薄く、相手を自分のために奉仕して当然、と思うような人たちなのです。そして、そういう相手に対して、自分に自信がないタイプの人たちはかえって惹かれてしまって、そのまま上司と部下、あるいは夫と妻というような関係になり、しかもそれが強烈な上下関係に固定されてしまいます。

もちろん、そこまでの事例は極端としても、多かれ少なかれ、あるいは意識的にも、無意識的にも、人は他人を自分の利益のためにコントロールしようと動いてしまいます。それに唯々諾々としたがっていると、気がついたら取り返しのつかないところまで行ってしまうかもしれないのです。

モラル・ハラスメントやソシオパスについては下記が良書ですので、これまでの話になにかピンと来た人は、ひも解いてみてください。

・マリー＝フランス・イルゴイエンヌ、高野優訳『モラル・ハラスメント――人を傷つけずにはいられない』紀伊國屋書店
・荘司雅彦『離婚裁判――モラル・ハラスメントからの脱出』アメーバブックス（残念ながら、今は絶版です）
・リチャード・J・ステナック、白川貴子訳『私をコントロールしないで！――あなたを支配するパートナーとの縁の切り方』ヴォイス
・マーサ・スタウト、木村博江訳『良心をもたない人たち――25人に1人という恐怖』草思社

また、サイトでは、下記がお薦めです。

モラル・ハラスメント被害者同盟
http://www.geocities.jp/moraharadoumei/

いや、そこまで深刻ではない、私はコントロールされていない、と言い切れる人も多い

と思います。その場合にはではどういうインセンティブがあるかというと、

◎「助かった。本当にありがとう。とても、頼りになるよ。これからもよろしく」

という魔法のことばで外部評価を受けることです。これ自体、まったく悪いことには聞こえません。すなわち、あなたが使った時間に対して、相手がほめてくれる、感謝してくれる、というサイクルです。このことで、自分の価値が認められ、自己実現欲求が満たされるのです。

もちろん、人から感謝をされるのはとても大事なことです。感謝なしでは私たちは生きられません。しかし、その外部評価を受けるもととなったのが私たちの成長につながらないものだったらどうでしょうか。例えば、企業内で評価を受けにくい雑用に近い仕事や、本当は仕事を命じた本人がやらなければならないのに、それを私たちに押しつけて、その成果は命じた人たちが持っていってしまうようなものが典型です。

そこでは、私たちは「頼りにされる罠」に捕まってしまいます。自分の成長が実感でき

ない、あるいは外部評価がうけられないまま、直属の上司や、自分をうまく利用する人のローカルな評価にしがみつくようになります。そして、その人を喜ばせるため、あるいはもう少し大きな枠組みで言うと、特定の部署の利益を実現するために、滅私奉公が始まってしまうのです。この場合、前述したモラル・ハラスメントのようなあからさまなコントロールでなく、場合によっては上司なども悪気なくほめていることが多いので、余計にたちが悪いのです。

するとだんだんとその上司や配偶者の期待に応えようと、どんどん無理な方向に向かっていきます。しかも、問題はその上司や配偶者の目指す方向が、実は自分の目指す方向と違ったり、極端な話、会社や社会の利益と反することであった時にもだんだんとのめり込んでしまうのです。よく、企業内の不正行為がどのように発生するのか、メカニズムを調べます。その時に多くの場合にあるのが「インセンティブ体系の歪み」です。すなわち、不正行為、例えば偽装や手抜き工事、事実の隠蔽などを行ったとしても、それが自分達が社内で評価をされる仕組みであれば、そちらに向かって、どんどん動いて行ってしまいます。

「相手から頼りにされている」ということが、価値判断の中で麻薬のような役割を示してしまい、それに中毒になるがあまり、不法行為であってもそこから抜けられなくなったり、あるいは抜けようとしてもこれまで自分達が使ってきた時間に対する思い切りが出来なかったりすることで、何か自分にとっておかしいと思ったときでも「断る」より「承知する」ほうに向かってしまうのです。

■「断らなく」ても嫌われることはゼロに出来ない

そして、こういった断ることを恐れる人は、断らないことで相手に嫌われないかというと、それでも嫌われるのです。なぜなら、断る力がない人は、よく言えば従順なのですが、悪く言うと、言語外のコミュニケーションで、どことなく卑屈な感じがしていて、媚びへつらう感じがぬぐえないのです。したがって、どうも生理的に好かないと嫌ったり、あるいは嫌わないまでも、自分とは同格でないということで見下したりする人たちが出てきます。社会人はおとなので、そういうことをことばに出しては言いません。しかし、そういった非言語的な「嫌い」が仕事上のスムーズな運営を妨げたり、チャンスを逃がしたりすることがありうることは理解をしておくべきです。

逆に、「断る力」をつけつつも、人に嫌われるリスクを減らしたいのであれば、

◎「なぜ嫌われるのか」に対する原因分析

をとことん行う必要があります。そのためには、自分と他者との関係を自分の視点で見るのではなく、まるで神様が私たちを見下ろしているかのように客観的に観察し（これをメタ認知といいます）、自分が特定の人に特定の状況の下に嫌われているのか、もっと一般的にいろいろな場面で嫌われているのか、外から観察していくのです。

そして、明らかにどう考えても、どんな場面でも高い確率で相手が不愉快になり、商談や交友関係、家族生活がうまくいかないのであれば、何か自分に抜本的な改善すべき理由があると考えるべきでしょう。ただ、多くの場合は、必ずしもそんなに全方位的にすべての人に嫌われるわけではなく、ある場面であることをしようとしたら、そのことがきっか

けで嫌われた、ということの方が多いはずです。

私の愛読書で哲学者の中島義道さんが書いた本に『ひとを〈嫌う〉ということ』(角川文庫)というものがあります。この本の中で、中島氏は、自身の経験から、以下の8つに、人が人を嫌う理由を分類しています。そして、人が人を嫌うのは、この8つのうち、1つまたはそれ以上の「嫌い」の原因が絡み合っていくと考えているのです。

(1) 相手が自分の期待に応えてくれないこと
(2) 相手が自分に危害を加える虞《おそれ》があること
(3) 相手に対する嫉妬
(4) 相手に対する軽蔑
(5) 相手が自分を軽蔑しているという感じがすること
(6) 相手が自分を嫌っているという感じがすること
(7) 相手に対する絶対的無関心
(8) 相手に対する生理的・観念的な拒絶反応

例えば、私が最初に挙げた「卑屈な感じがするから嫌ってしまう」というのは、（4）の要因になります。また、断ることに対して起こりうる嫌いは（1）の期待に応えてくれない、ですが、逆に相手からの要望を受け取って対処したとしても、それが相手の期待に応えていなければ、結局は嫌われてしまうのです。

また、中島氏の本の事例に加え、私がさらにいろいろと嫌われる、嫌うという要因を考察していると、まんべんなく、

◎会う人会う人、高い確率で嫌われている

という人に出会うことがあります。これは、多くの場合（4）と（8）の要因が複合して起きていることが多いのですが、要は「言語外に発している相手のメッセージがこちらにとって高い確率で不愉快に思う」ということなのです。

私たちは好き、嫌いの感情を確かにコミュニケーションとか理知的なレイヤーで判断するのですが、しかし、多くの場合、「何となく好き」「何となく嫌い」という生理的な感覚が最初に来るはずです。そして、その何となく嫌いを醸し出すものは、非言語コミュニケ

ーション、すわなち、「みかけ、特に顔つきや髪型」「におい」「話し方」「動作身振り」などなのです。

したがって、まずは「断ること」で嫌われるかどうか、すなわち（1）の期待に応えてくれないという要因を心配する前に、（8）の生理的に拒絶されているという要因で嫌われるものを作っていないか、下記のようなチェックポイントをぜひ、見直してみてください。

◎見かけが、平均よりも汚くみえないか
◎髪の毛や口、ワキガなどがイヤな臭いを発していないか
◎話し方にどことなく相手をバカにした雰囲気や、言い回しの嫌らしさがないか
◎相手について興味がなさそうな雰囲気や、生意気な言動を取っていないか

だいたい、10人とはじめてあったときに、2人くらいに嫌われたとしたら、それはもう相性の問題と割り切ることが出来ます。それが、5人とか7人とかになりますと、自分に非があると考えるべきでしょう。最近の私の事例では、仕事で取材に見えた記者の方が、

同席していた私の会社の複数の社員から、「いったいあれはなんなんだ」と総スカンを食らいました。その理由は何かというと

・平日の朝なのに、酒臭い。前日の二日酔いが残っているか、明らかに当日の朝に飲んだとしか思えない
・先方は私よりも10歳ほど年上の男性だが、こちらに対する質問のしかた、ノンバーバルなコミュニケーションが、あきらかに対等な相手と思っていない

の2点に集約されます。とにかく、言語外のコミュニケーションは本当に大事な要素なのです。私たちが購買行動、ものを買うときには95％くらい、言語にならない無意識下の好みで決断しているという分析がありますが、人の好き嫌いも同じくらい、非言語の感覚で決めているのです。

したがって、私のお薦めは、例えば10人と会うとしたら、1人くらい、相性が悪くてもある程度嫌われても仕方ないとします。それに対して自分にこれからもぜひ、この人を応援したいと思ってくれる人を5人、ちょっといいかもと思う人を3人くらい、あとの1人

がどちらでもいいやくらいの割合をめざすことです。そうすると、2人（嫌う人・中間の人）対8人（好意的な人）となりますから、逆に先のアッシュの同調実験ではありませんが、嫌う人の3倍以上の人が好いた場合には嫌う人は少数派になり、「嫌い」の伝播が起こらないか、起こっても少数派で収まるようになります。

■「熱狂的なファン」を作ることに集中する

人から好かれる、嫌われるということを調査するマーケティング手法において、先ほどの10人と同じような指標で、顧客満足度を測るときに究極の質問、と呼ばれるものがあります。

（参考：フレッド・ライクヘルド、堀新太郎監訳、鈴木泰雄訳『顧客ロイヤルティを知る「究極の質問」』ランダムハウス講談社）

この究極の質問とは、

「この商品（サービス）をぜひ、知り合いに勧めたいですか？」

というものです。そして、この質問について、ぜひ勧めたいを10として、まあまあが7、どちらでもないを5、勧めたくないが3、まったく勧めたくないが1のような形で、1から10のスケールを取ります。

その上で、8以上のスコアをつけた人をロイヤリティの高い「推奨者」、5～7のスコアをつけた人を「中立者」、4以下を「批判者」と分類し、「推奨者」の人数から「中立者」と「批判者」の合計を差し引いたものを、「推奨者の正味比率（NPS、Net Promoters Score）」としてカウントして、その数値の推移を評価していくのです。

この調査のポイントは何かというと、中立者と批判者をどちらも、ロイヤリティの対象外として、ロイヤリティが高い人たちから引く要素として考えているということになります。

通常の満足度調査では、たいへん満足・満足と取るとそれだけで80パーセントくらいになってしまい、役に立たないのです。それに対して、NPSを使うと、先ほどから説明してきた「無意識のレベル」、すなわち、「自分の信用をかけて、評価をかけてまで人に勧められるか」ということが判断されますので、より正確な調査になります。

そして、このNPSが高いほど、業績が上がり、社員のモチベーションが維持されるため、短期的な利益や売上ではなく、顧客ロイヤリティを高めることを従業員評価やミッションとして使うことが企業の目標として行われているのです。なぜなら、短期的な利益はあくまでそのような顧客ロイヤリティの一部が収益化したものであり、もしロイヤリティが低いまま売上を上げていたら、競合他社の商品が出たときに簡単にスイッチされてしまうからです。

実はこの「顧客ロイヤリティ」は、なぜ、テレビのお笑いタレントの回転は早く、例えば文筆家や俳優・女優のような人たちの栄枯盛衰の回転が遅いかというと、このロイヤリティの有無が鍵になっていると思います。確かに、はやりのタレントのコメディやギャグはたいへんおもしろいのですが、私たちはそのことにたいしてロイヤリティをもっているかというと、必ずしも持っていないのです。人に勧めるほどおもしろいのか、あるいは単にその場で放映されていたら楽しむだけなのか、これは競合製品が出てきたときに、大きな差を生みます。

これは私たちも同じで、誰か人を紹介してくれと頼まれたときに、紹介してくれと頼んできた人も、そして紹介する人も、どちらも自分の信用をかけるのに値しない場合には、会わせるのに躊躇してしまうでしょう。

私は仕事で、第一線の世界で活躍しているような方々、例えば羽生善治4冠や黒木瞳さん、林真理子さんなどとお会いする機会がありましたが、もう、こういう方たちは、「歩くファン作り」と呼んでいますが、その正直な言動、立ち居振る舞い、わかりやすいものの考え方、すっと通った軸に魅了されてしまうのです。

そして、こういう有名な方々ほど、残念ながら「有名税」と言われるような批判があるのはもちろんです。しかしそれは、先ほどの中島義道さんの分類で言うと、(1)の期待に応えてくれない、すなわち憧れがある人たちが、相手がこちらを見てくれないという要因と、(3)の相手への嫉妬が相まって、「嫌い」が生まれてしまうのだと思います。

ふだんのさりげない行動、生活の中で、いかに「自分を他人に勧めてくれるくらいのファン」を作っていくか、すなわち「人に嫌われない工夫」をするよりは「自分のファンを作っていく工夫」を心がけた方が、中長期的には効果が高くなるのです。なぜなら、中立的な人物には忘れ去られてしまうし、私がずっと言ってきた「コモディティ」から抜けきれなくなります。「スペシャリティ」な人とは、すなわち、NPSが高い人なのです。

それでは、話はわかった、どうやったら「ファン作り」をできるのか、知りたいという人が多いと思います。ファン作りのやり方は人によって異なりますし、実際に先ほど名前を挙げた達人の方々の一つ一つの行動はもう、芸術の域に達していてひと言で説明するのはたいへん難しいのですが、俯瞰するとこうではないかという4つの共通的な要素を挙げたいと思います。

〈ロイヤリティの高いファンを作ることが上手な人の要素〉

1. こちらが圧倒的にあこがれる個性、才能、クセがあり、私たちの代わりに何かを実現してくれる
2. 1を実現するために努力を継続的に繰り返しており、その姿勢に強い共感がもてる
3. 相手がまめで、こちらをわかってくれている、ケアしてくれているという感覚が持てる
4. 謙虚で威張っていないため、相手と自分の関係が上下関係にならない

最重要項目はなんといっても1です。羽生さんであれば将棋の力、林さんなら小説・エッセイのあの文筆力、黒木さんなら演技の力など、もう、私たちが今後、どんなに時間をかけても追いつけないだけの「名人芸」を有しているということです。

ただし、この名人芸はこの方々のように究極的な売り物になるものでなくてもいいのです。もっと身近なレベルで、「伝票の流れなど新しい業務手続きを設計するのなら会社で一番」とか、「企画書を書くのであれば、この人に聞くとコツがわかる」というレベルで十分なのです。だいたい数年間かけても追いつけないレベルであれば、会社や地域で一番になれます。それが、数十年かけても追いつけないと、前述の方々のように、「日本で一番」になれるのです。

そして、大事なことをここで繰り返します。人をファンにつけるには、圧倒的に強い才能が必要ですがその才能は時間の積み重ね、集中でしか磨くことが出来ないのです。そのために、どこの分野に自分の時間を集中させ、磨くのかを早期に判断し、その分野以外のことについてはなるべく「断る力」を発揮して、集中できる体制を作らないと、ファンも増えないことになります。

そうすると、1の要因と絡むのですが、2の努力の継続ということが、相手の心を打つわけです。私たちはすべてのことに努力が出来るわけではありません。だからこそ、何かの努力を繰り返して、私たちがとてもとても、到達できないレベルになった人たちにあこがれ、ファンになり、そして、その人たちの行動を通じて、自分達がまるで行動できたかのような、成功体験をカタルシスとして積むのです。例えば、それはスポーツ選手を応援したりするときに、典型的でしょう。

だからこそ、ファン作りにはファンとの間のコミュニケーションが重要になります。なぜなら、ファンの代わりにさまざまな行動を実行してくれるのですから、その実行プロセスや意思決定過程、そしてその後の関係性において相手と自分の関係が明確に築かれていると、相手との一体感がますます増すためです。

「こういう人になりたい」「自分ができないことをヒーローやヒロインとしてやってくれている」

このことが、ファン作りの基礎であり、コツです。そして、私たちも、どの分野であれば自分のファンが作れるのか、少なくとも周りの人数十人に比べて自分が得意なものは何なのか、それをどう、うまく実現すれば、相手が自分の活動を応援してくれるのか、考え抜きます。相手がもっていないものを、相手のために実現してあげる、あるいは相手にカタルシスをもたらしてあげることで、ファンを作っていくのです。このスケールをかなり小さくしても、例えばＰＴＡのバザーの企画や後片付けでも、職場の新商品の宣伝企画でも、そこに相対的に優位な才能があり、リーダーシップを発揮することでファンを作ることは可能です。

■「嫉妬」は必ず生じるものだと割り切る

とはいえ、こういったファン作りの過程、あるいは日常であなたが自分の才能を発揮していくと、その才能やカタルシスに対して、多くの人がファンになっていく一方、あなたの才能を否定するという形で、ネガティブな態度を示す人が一定割合で出てきます。そしてもちろん、その根底にあるのは

「嫉妬」

という、底知れぬ大きなメカニズムです。中島義道さんの分類でも、人を嫌う原因として（3）に挙げています。嫉妬については、断る力に対しての反対側のキーワードとして、自分がいかに人に嫉妬しないようにするか、また、人に嫉妬されないようにするか、あるいは嫉妬されたとしても受け流せるようにするか、というのが大事なコントロールです。

嫉妬についてはさまざまな良書がありますが、私のお薦めは加藤諦三さんです。例えば、すでに絶版ですが『妬まずにはいられない症候群《シンドローム》』（ＰＨＰ研究所）という著書で、嫉妬の原因とそれがもたらす弊害について、２００ページ以上を費やして説明・分析をしています。

なぜ、嫉妬と断る力が裏表かというと、実は「依存心が強い人」は「嫉妬心が強い人」だからなのです。そして、他者評価を気にする、他人の目を気にする人ほど、他人のことばから傷つきますし、他人に対して嫉妬をすることになります。また、加藤先生は嫉妬が強い人は人の努力が認められず、劣等感を克服するためにさらに相手を批判・妬み、それが劣等感を助長する悪循環をもたらしていると指摘します。

「嫉妬」の恐ろしさとしては、日本において本当に幼少時から、家庭・学校生活の中で知らず知らずに神経症的な妬みの文化を植え付けられてしまうことがあります。例えば、小学生が何か先生から質問をされたときに、一人だけ「ハイ」と手を挙げて答えると、「あいつばかり答えを言えることを自慢している」と同調的な妬みの圧力がかかり、小学校も高学年になっていくと、だんだんと手を挙げなくなっていくという風潮に裏付けられるでしょう。

嫉妬の裏側には、現実を見つめることが出来ず、競争を避け、努力の価値を他人に認めず、他人の成功を心から敬えないというメカニズムがあります。そして残念ながら、これは考え方の「クセ」なので、その考え方に気づき、コントロールするためにはそれなりの訓練が必要です。

しかし、繰り返しになりますが、他人がうまくいっていたり、他人が自分よりもいい才能を持っていることは、私たちの価値を考える際に、何の影響もありません。それについて、他人の成功が自分の存在を脅かすような気持ちになり、他人の足を引っ張る、具体的には外向的な人はすでに活躍している人にことばや行動でケチをつけ、内向的な人は何もせずに恨むことになります。

「嫉妬のコントロール」

を行うには、実は「自己肯定感」を持つしかないのです。自己肯定感というのは、すなわち、「ポジティブな評価を最大化する」という戦略にほかなりません。特に、妬みが生じやすいのは、身近な人、あるいは身近でないにしても、相手の能力が自分と変わらない、場合によっては優っていると思っているのに、相手の方が成功しているときで、それが恨み、妬みとなって、「相手の努力を否定する」「相手の成果を否定する」という形で、嫉妬が噴出します。

したがって、私たち自身が余計な嫉妬をして精神を消耗しないのはもちろんのことですが、残念ながらいまの日本の文化、教育、家庭内の雰囲気から、成功を原因とした嫉妬を100パーセント防ぐことは、不可能なのです。これを防ごうとして、必要以上に自分を卑下したり、チャンスが来たときにも怖じけたりしてやらなくなってしまうと、

「いい人」だけれども「できない人」

になってしまうからです。

したがってむしろ、

◎自分の才能を伸ばして活躍するほど、必ず周囲からの嫉妬は生じる

という割り切りが、「断る力」を伸ばすためには最も重要なのです。

このような方向で、心の中で割り切ってしまったほうがいいのです。あるいは、嫉妬されるようになったら、それを自分の才能が伸びてきた証拠であると、逆指標として受け入れるくらいの覚悟があると、嫉妬に対してのコントロールがずっと楽になります。すなわち、

◎嫉妬されるぐらいの人になる

ということを目標に置くくらいの気概が必要なのです。これは、これまで私たちが習ってきた日本の伝統的な価値観とは大きく異なるため、違和感を覚える人が多いと思います。しかし、自分が嫉妬をしなくなれば、逆に嫉妬をされてもまったく気にならなくなるのです。私は、三毒追放と言って「怒る、愚痴る、妬むを止めること」をずっと推奨していますが、その最も即効性が高いものは「妬むのを止めること」だと考えています。

そして、とにかく、嫉妬に対して、ある意味、「慣れること」も重要です。例えば先日、黒木瞳さんと話をしていて、黒木さんが冗談混じりにおっしゃっててへーーーぇ、と思ったのが、

「私のことをよく知らないのに『黒木瞳が嫌いだ』という人がたくさんいるから、もう嫌われることに慣れました」

というお話です。私はふだんから、黒木さんがどれだけ演技のための努力をし、体を鍛え、文芸作品を読み、周りに徹底した気配りをし、そして家庭生活も大事にされているか、リアルタイムでよく知っているので、それこそ「あそこまでの努力ができるのか。真似でき

るところは真似しなければ」と思うのですが、嫉妬する気にも、ましてや嫌う気にはなれません。

しかし、その部分を見ていない方や、自分と比べて「なんて綺麗なのだろう」から始まり、逆に自分の方がより実力があるのにうまくいっていないと勘違いをし、厳しい仕事の態度を逆に売れているから天狗になっている、などと考えて、批判する人がいるのでしょう。あるいは、そもそも有名だということで嫌われるのかもしれません。

それこそ、ふだん、そんな体験があまりない人たちにとって、自分を知らない人からも嫌われるというのは想像を絶するものがありますが、黒木さんはそれを、さらっと

「慣れました」

と言い切ってしまうのが、まさしく「断る力」であり、割り切りなのです。

もちろん、自分のことをよく知っていて、これまで応援してくれて、信頼していた相手から手のひらを返して嫌われたり、忠告されたりするようになったら、それはなにか自分

がおかしな方向にいっているのではないか、注意深く考える必要があると思います。

そうではなく、単に伝聞情報やクチコミ、うわさ話などだけで判断され、あるいは自分の尊厳を守るために相手を嫌うような嫉妬に対しては、「そういうものだと慣れてしまう」というのが、強いお薦めになります。

■「嫌われる」リスクを取ろう

この「嫌われる」ことに慣れるというのは、言い換えると「嫌われる」ことに対するリスクをとるということです。嫌われることを避けようとすると、伸びるはずの能力も伸びなくなるし、熱狂的なファンも増えなくなります。

私たちが戦略を立てる際に、リスクで分類をしたときに

「リスク・ミニマイズ（最小化）戦略」

と

「リターン・マキシマイズ（最大化）戦略」

があります。前者はなるべくリスクを取らないようにして、大失敗を防ぐ戦略です。後者は多少の失敗は覚悟の上、将来のリターンを最大化することを考える戦略です。そして、日本の教育システムは前者の「リスク・ミニマイズ戦略」を取ることを推奨します。結果、環境変化が小さく、なにかたまたまうまく当たったことがあるとそれを巡航速度で守ることでうまくまわるのですが、大きく環境変化が起きたときには逆にそれがリスクを取らなさすぎることで、かえって自分の首を絞めてしまいます。

例えば、日本のこれまでの指導者を思い出すとわかりやすいでしょう。小泉純一郎首相、中曾根康弘首相などは典型的な「リターン・マキシマイズ戦略」を取ってきた指導者です。在任中に亡くなってしまいましたが、小渕恵三首相もそうでした。この時期の日本はさまざまな弊害を指摘されながらも、実際には社会変革が行われ、たかい経済成長が達成されてきています。

一方、「リスク・ミニマイズ戦略」を取るのが大半の凡庸な首相たちです。最近の例では、安倍晋三首相、福田康夫首相などがそうでした。小泉純一郎首相は、「弱者切捨て」「アメリカのポチ」などとものすごく嫌われた一方で、ファン作りには成功し、構造改革路線の是非を問われている今でも、まだたいへん支持が高いのです。

一方、福田首相は、ひたすら永田町や霞が関で調整型政治を心がけ、「リスク・ミニマイズ戦略」をもってして好かれようとしたけれど、国民から嫌われてしまいました。官房長官時代は身の丈に合っていて女房役として活躍したのですが、首相となったときに、リスク耐性への違いが露呈してしまったのです。

逆説的なようですが、私たちがなにか活躍したい、大きなことを成し遂げたいと思った場合には、嫌われるリスクを果敢に取らないと、そのリターンは確保できないことになります。リスクを小さくしようとしていて、最終的にはコントロールできないことになってしまう可能性もあるのです。

■だからといって、むやみに嫌われるようには振る舞わない

これまで説明してきたように、どんなに気を使っても、自分の力を発揮しようとすれば

するほど、嫉妬を起因とした嫌われ方は不可避に生じます。すなわち、（3）の相手を嫉妬した嫌われ方というのは、私たちが活躍すればするほど、自動的に生じてしまうのです。また、活躍すればするほど、こちらに対する期待も増えますので、そこで必ずしもすべての期待に対して応えられるわけはありません。そうすると、（1）の期待に応えてくれない、という不満も相手に生じてしまいます。この嫌われも不可避です。

とはいっても、

（5）自分を軽蔑しているという感じがする

（6）自分を嫌っているという感じがする

（7）絶対的無関心

というような、自分の態度を起因とした嫌われについては、ある程度回避することが出来ます。そのためのポイントはとても単純です。すなわち、ことばでも、あるいは非言語コミュニケーションでも、自分が直接・間接的に触れる相手に対して

・相手を軽蔑している感じ
・相手を嫌っている感じ
・相手に対する絶対的な無関心

というサインを送らないよう、心からの努力をすることです。すなわち、断るときにも相手への信頼と誠心誠意の代替案を出すということは、私はあなたのことをケアしています、大事にしています、ということを表すためのたいへん重要なサインなのです。

すなわち、嫌われる原因を

・自分に起因しているのか、相手に起因しているのか

に大きく分類し、自分が気を使えば直せる部分については、極力気を配り、考え、防いでいくのです。

先ほどの黒木瞳さんのお話でも、実に気配りがすごく、帰省をしたからと言っては地元

のお土産が、クリスマスと私の誕生日にはカードとお祝いのお花が、お正月には年賀状が私の自宅に届きます。ここまでケアをされて、上記の自分が軽蔑されている、嫌われている、絶対的無関心である、と思う人はいません。

人に嫌われるということは、どんな理由であれ、私たちにとっては損失です。したがって、なるべく事前に予防を出来るものであれば、気配り、時間、金銭的なコストなど、さまざまな資源を投じても、それを防ぐことが肝要です。しかし、

「相手に起因している」

×

「絶対あなた自身ではその相手を直せない」

という嫌われ方は、それをゼロにしようとするとコストのほうがかかってしまうので、そこにあなたの大事な気持ちや時間を割りあてることは、あなたのパフォーマンスを下げてしまうことになります。

「断る力」をつけるためには、「嫌われることに対する割り切り」が必要なのです。

■「悪意」の攻撃に対しては冷静かつ戦略的に対応する

悪意は必然的に発生するということを説明してきました。例えば、2ちゃんねるのようなネット掲示板では、さまざまな形での批判や中傷が匿名の書き込みという形で渦巻いています。さまざまな企業や個人が2ちゃんねるを名誉毀損として訴えています。また、ネット掲示板ではなくブログでも、有名人であるかどうかにかかわらず、ブログが批判的な書き込みから炎上にいたり、閉鎖に追い込まれることもしばしばです。

残念ながら、「悪意」については必ず生じてしまうのです。では、このネットなどで生じる悪意について増殖しないようにするにはどうしたらいいのでしょうか?

先日、知り合いのネットのセキュリティの専門家からおもしろい話を聞きました。

「ネットの掲示板は一般的に、

◎見ているだけの人＝85パーセント

◎悪意を持った人＝5パーセント

◎サポーター＝２パーセント
◎愉快犯＝８パーセント

がいるとき、悪意による増殖が最も活発になる」

という分析があるということです。すなわち、わずか５パーセントの人が悪意をもっただけで、ものすごく活発な批判掲示板が出来てしまうということです。そして、これはクチコミでも同じです。

要するに、悪意を撲滅しようとしても、わずか５パーセントでも生じてしまえばアクティブになるわけです。さらに、そこについてサポートしたり、あるいは関心を持つと、反応してくれたということに対して相手を元気づけ、「炎上」するだけの結果を生みかねません。

したがって、こういう悪意の攻撃もゼロに出来ない、ということを考え抜くべきでしょう。また、そういう攻撃を受けてしまったら、どうすればいいのでしょうか。専門家のお薦めは

◎論理的に、冷静に対応する

ことです。その事象を過度に嘆くわけでもなく、淡々と対応していくのです。また、こういうことに熱意を持って批判を繰り返し、悪意的な言動を起こすのは、まったく知らない人や関係ない人ではないのです。その批判の対象となる人物や組織に近しい人物であることが大半です。なぜなら、身近だからこそ、自分にとっての利害が大きく、そのことを批判しなければ、いてもたってもいられなくなってしまい、自分の精神の安定を図るためにそういうような代償行動をとるからです。

たとえば、会社などの組織に関する掲示板の場合、誹謗中傷の書き込みの犯人は、エキスパートのこれまでの分析によりますと

99パーセントはその会社の社員か、取引先

です。なぜなら、その組織に関与した人でないと、そもそも自分の大事な時間やエネルギーを使ってまで、そこまでするモチベーションがないからです。

同じように、悪意をもった書き込みや、場合によってはストーキング行為を個人に対して繰り返す人も、

ほんのちょっとした知り合い

であることが多いのです。しかも、こういう攻撃性が高い人は、行いたいことはただ一つで、

「自分が相手よりも優位である」

ということを認めて欲しいのです。自己承認欲求です。実際、私のブログのコメントにも、さまざまな攻撃的な書き込みが入ります。このような書き込みについて、心理学を専攻している友人に分析してもらうとおもしろいコメントが入ってきました。それは

「こちらや一般の人から見ると悪意があるように見えるが、書き込んだ本人は真実、正義だと思っており、悪意はない可能性が高い」

というのです。これも、目からウロコでした。したがって、例えばコメントで、私が出しているメッセージの総論には賛同するが服装が悪いとか、仕事はいいが子どもへの食事は手抜きだ、などは、自分がよりいい服装をしている、あるいは、自分が子どもをもっと大事にしている、ということを認めて欲しいのです。

もし、誰かから攻撃を受けて悩んだ場合には、冷静な第三者、時には専門家を交えて、

◎「悪意」の奥底にあるバックグラウンドを理解する

ことで、その悪意についてより深く理解をすることが出来ます。誰だって、悪意を受けることは気持ちがいいものではありません。しかし、単に嫌だと考えていても、繰り返しになりますが、悪意を止めることは出来ません。それよりは、なぜ、相手が悪意を持ってい

るかという

「相手のプロファイリング」

を行い、より個別具体的に問題を分析することが解決への糸口になるのです。大事なことは、相手と同じ土俵にたって、細かい批判に対して答えてしまい、それの言い訳をすることではありません。それはある意味、無意味です。なぜなら、相手はこちらを批判することでカタルシスを得ているわけで、批判の対象についての議論をすることは横道だからです。そこで、いくらこちらの正当性を訴えたとしても、相手はより不満をためて、別の糸口から、より増幅した不満をもたらすことになります。

■その悪意は「解決すべき問題」か判断する

多くの読者の方は悪意がある相手の情報を察して、さらにそのプロファイリングを行えと言われても、難易度が高いと思う人がいるでしょう。まして、心理学の専門家がすべての方の友人にいるわけではありません。
とはいえ、

「嫌われている自分」
×
「嫌っている相手」

という関係をまずは客観視することは、手順を追えば誰でもできることです。まず大事なことは、現在の悪意を持って攻撃されている自分、という視点から一歩離れて、自分が第三者になったつもりで、

(1)「嫌われている自分」は相手からどのように見えているのか
(2)「嫌っている相手」はどんな人で、自分との類似点・相違点は何か
(3)「嫌われている自分」と「嫌っている相手」との関係性は何で、相手はこちらのなにを叩くことでカタルシスを得ようとしているのか

ということを客観的に捕まえていくのです。特に、3つめのポイントを理解することで、なぜ相手がこちらに悪意を持つ動機があり、どこまでエネルギーを使う可能性があるのかということを冷静に捉えることが出来ます。

そして、嫌われている問題を上記の3つのポイントで整理をしたあと、まず真っ先に考えるべきなのは、

◎その問題は、労力やコストを使って解決すべき問題なのか

ということを判断することなのです。例えば、私のブログに入るコメントなどが、その典型です。すべてのネガティブなコメント、批判、注意についていちいち相手に対応をしたり、逆にこちらが相手の意に沿うように振る舞ったりしていたら、いくら時間があっても足りません。私はNPS(推奨者の正味比率)を最大化するように振る舞えばよくて、自分の時間はファンを増やすために使い、ネガティブな批判者を自ら増やすようにはしない、

という程度でいいのです。

ゆえに、コメントについて、別に解決しなくてもよい問題だったら、嫌われたまま放っておけばいいのです。

大事なことは、すべての問題を解決する必要はないという割り切りです。すなわち、

・嫌われることはあるという割り切り
・嫌った人の一定割合は批判者にまわるという割り切り
・批判者の一定割合の悪意はこちらに直接まわってくるという割り切り

を行い、それでも、NPSを計測して、割り切りを思い切って行っていくのです。断る力、とはすなわち、割り切る力でもあります。

■自分の「悪意」を制御することで、相手の悪意も理解できる

そして、他人の悪意を気にしないよう、自分の意思をコントロールするためには、自分自身が他者に発する悪意の可能性を理解し、コントロールする必要があります。なぜなら、自分が悪意を発しそうになったときに、なぜその悪意が出てくるのか、その理由は何で、どうしたら自分側で防げるのか、あるいは相手のことをよりよく理解すれば、逆に自分が悪意を受けるときにも冷静に対処できるようになるからです。

本当か、と驚かれると思いますが、私は他人に対して嫌うこと、悪意をもつことはほとんどありません。明らかに悪意を受けたときにも、実はそのことについて大きな興味を持ち、相手を嫌う前に、

◎相手の思考パターンを探るプロファイリング

をまず行ないます。なぜ相手が自分を嫌うのか、中島義道さんのフレームワークを使って

分析してもいいし、その枠組みで収まりきれないときには別の考え方も併用します。そして、明らかにこちらに原因があるときには、相手に対して申し訳ないという気持ちを持ちながら、出来る範囲での改善を重ねるのです。

しかし、それでも改善できない「嫌い」が残ることはあります。その場合には

◎自分と相手とは合わない関係性＝構造である

ということと判断して、相手との距離を取ればいいのです。相手との距離を取ることは、特にその人がこれまで親しい相手だったりした場合には勇気が必要ですが、近くに存在することで、自分以上に、相手にとってこちらを嫌う、という状況を作って、より不幸になってしまうのです。そして、互いに距離を置くことで、改めていい関係になることがあるということは、みなさんも経験があると思います。すなわち、冷静に悪意の内容を要素分解して、相手との

◎人間関係を「断る力」

を発揮することが必要な場面もあるのです。

とにかく、「嫌う」という「悪意」を単に漫然と扱うのではなく、構造化を行い、要因を分析し、要素分解することが重要なのです。私はコンサルタント時代、問題解決は構造化と細分化を行い、本当に解決できるところだけに注力しなければならない、と口を酸っぱくして先輩コンサルタントたちから習ってきました。これとまったく同じ手法を、うまくいっていない人間関係にも適用する必要があるのです。

そしてこのことは、浮かび上がった要因ごとにすべて対応する必要がないということも意味します。できることはきちんと対応していきますが、すべての要因に対応しすぎて、かえって自分に「害」が降りかかるようなものにまで対応する必要はないことを知らなければならないのです。すなわち、過剰対応を防ぐということです。

人間関係の修復を試みようとしたときの、過剰対応による一番の害はやはり、

◎嫉妬されることを避けるがあまり、自分が持っていた突出した能力をなくすこと

そして、

◎特定の人たちに後ろ指を差されることを恐れて、これまであった突出したやる気をなくすこと

です。

私は、自分の言動が必ずしも100パーセントの人たちに支持されていないことは、とことん理解をしています。しかしそれでも、周りにファンの人たちが残ってくれて、仕事上でも、生活上でも、他の面でも、さまざまな形で助けてくれることに本当に感謝しています。

その関係性は一見、

「言いたいことを言う」

それなのに「多くのファンがいる」

ということで矛盾するように感じるかもしれませんが、逆に自分が信じること、信義と考えることを言い切ることにより、自分の心を下手に飾らず、言いたいことを言っているからこそ、残るべき人は残って、嫌う人は嫌って去っていくのだと思っています。

これは、ある程度強い支持基盤を持っている人に、かなり特徴的なことだと思います。例えば経済学者の竹中平蔵さん、髙橋洋一さんなどは、気持ちがいいくらい、言いたいことを言い切っています。マーケターの三浦展さんなどもそうです。こういう方々は、賛否両論になることを恐れず、自分達が考え、調査し、実行していることに自信を持っているので、どんなに批判を受けようとも、自説を曲げることはないのです。

つまり、

「言いたいことを言う」からこそ

「多くのファンがいる」

という、自然の流れができるわけです。

■私たちは自分の扱い方を人に教えている

先ほどの言いたいことを言い切れるからこそ、それによって、ポジティブにも、ネガティブにも、相手が反応し、それにしたがって振る舞います。この状況を的確に言い表しているのが、2008年に私が翻訳した「Life Strategies」(邦訳名『史上最強の人生戦略マニュアル』きこ書房)にある、フレーズです。それは、

「私たちは自分の扱い方を人に教えている」

ということばなのです。

すなわち、

◎私たちが相手からどのように対応して欲しいか、取り扱ってほしいかは、私たちの言動が相手に教えている

ということなのです。例えば、私たちがおどおどと自信なげに、しかも相手に媚びると、自然と相手は私たちよりも上位に位置づけられ、上下関係になってしまいます。そのため、上意下達で命令する、ということはあっても、対等なパートナーとしてみなされなくなってしまうでしょう。

これが、私がよく言う「媚びる人」なのです。残念ながら、この「媚びる人」のパターンは女性に多く、おそらく、20代の若い頃はそういう媚び的な生き方はおじさまたちの受けがよく、そのやり方があまりにもうまくいっていたのでそれを習得してしまい、そして、それが30代になっても、40代になっても、残ってしまったのではないかという仮説を立てています。

どういうところが媚びかというのは、実際に会うとああこれか、と納得できると思うのですが、ことばの語尾や、こちらに対する態度がこまかく媚びなのです。もちろん、レストランなどで座るときに、相手に気を使って下座にさっと座ることは大事な気配りです。しかし、それを堂々と行うのか、相手に対して明らかに対等でない態度で行うのかは、大きな違いなのです。

「私たちは自分の扱い方を人に教えている」

という観点からすれば、そうやってむやみやたらに下手《したて》に出られると、こちらも逆にその人を「下」に置いて、邪険に扱いたくなってしまいます。特に、威張りたくてしかたない人はそういう人を見ると、ますます威張って、邪険になります。

そして、そういう態度に対してまた相手から「媚び」をもらえると、歪んだ形での相互関係が生じてしまいます。威張りたい衝動を満たしたい人と、媚びで相手の歓心を買いたい人の組み合わせが互いの行動を強化させ、一見うまくいっているような夫婦関係、上司と部下の関係であっても、互いにその媚びと威張りを強化し合ってしまうのです。

その典型的な事例が、上司と部下の歪んだ癒着であったり、あるいは大きな社会問題になっている配偶者（主に夫）からの家庭内暴力、ドメスティック・バイオレンス（ＤＶ）です。また、倉田真由美さんの「だめんず・うぉ〜か〜」というマンガは、なぜこんな自分勝手な男たちに尽くすこんなたくさんの女がいるかということなのですが、その女性側の特徴として、自分に自信がなく、おとなしくややおどおどしているタイプが多い、ということもマンガの中で繰り返し出てきます。

もちろん、すべてのＤＶは悪いのは暴力をふるう側であって、ふるわれる側ではありません。しかし、

「私たちは自分の扱い方を人に教えている」

というコンセプトを通して考えれば、なぜドメスティック・バイオレンスが多くの場合、取り返しがつかなくなる地点まで長引き、深刻化してしまうのか、見えてくるものがあります。

被害者であるはずの側（主に妻）が、

「自分が我慢すれば、相手は後悔して、いつかは気づいてくれて、そのうち２人の関係も

よくなる」

と、間違った認識をもって

「相手の下手に出るような行動」

を繰り返し行ってしまうからです。

そうすると、そのような従順な配偶者からのメッセージを読み取った相手は、ますます配偶者を下手に扱ってしまうのです。そして、こういう人たちは上手に相手をコントロールするため、すべて罰を与えるだけではなく、たまに優しくして、相手の自尊心を満たしてあげることも忘れません。曰く、「俺はおまえがいなければダメなんだ」とか、「お前のことをわかってあげられるのは俺だけだ」といったような相互を縛り付ける関係です。しかも、前出の『妬まずにはいられない症候群《シンドローム》』（加藤諦三著）にもしばしば事例が出てきますが、相互依存を行い、相手の行動を束縛する人は、自分自身の自己尊厳も未熟であることが多く、嫉妬深いのです。

このような人間関係に捕まってしまうと、私たちの貴重な体力、労力がすごい勢いで浪費され、私たちが本来発揮できるはずの潜在能力が間違った認識を持っている相手のために浪費をしてしまうことになります。

■「断る力」を身につけるためには、相手との「対等」な人間関係が必要

「断る力」を身につけることの前提は、相手との対等な人間関係を築くことです。例えば、発注元と受注先、上司と部下、親と子ども、夫と妻という関係の中では、立場と役割の違いはあっても、本来上下関係があってはいけません。ところが、断るということを考えると、どうも「自己主張する側」が〝上から目線〟で、「自己主張される側」が下になるという誤解が生じるイメージがあると思います。

例えば同様に、政治家は私たちが選挙で選んだのであり、立場の違いだけのはずですが、「先生」あるいは「お上」ということで、わざわざ自分達の上に置いてしまうのです。私たちが上に近い立場になるときにも同様です。よく、取引先いじめ、ということばがあります。私がコンサルタントをしていた時代、一番苦手な人たちは「総務部長」や「システム部長」でした。なぜなら、こういう部長たちは、知らず知らずのうちに出入り業者から

媚びへつらわれるため、自分の実力を勘違いして、尊大になってしまうのです。また、会計士時代も同じクライアントに会計士として出入りする場合と、コンサルタントとして出入りをする場合では、明らかに態度を変える経理部長もたくさんいました。会計士は先生であり、コンサルタントは出入りの業者だからです。

相手との関係性を健全に保つには、

「対等な人間関係」

が前提なのです。

◎私たちは相手の上位に立たない
◎私たちは相手の下位に立たない
◎私たちは相手に下位に立つことを求めない

というような

「対等概念」を身につけることが、断る力を獲得する第一歩になります。もちろん、対等と言っても、場面場面ですべて、完全な対等である必要はありません。

例えば、私たちの方がある分野について詳しいような話だったら、私たちが「先生役」になって、相手が「生徒役」になってもいいし、その逆でもいいと思います。しかし、それはその時々の場面次第で生じるもので、恒久的な関係でもないし、まして、それが人間の価値を決めるものではないということです。

■「ランク・ジャンケン」主義者が一定割合はいることも割り切ろう

そうはいっても、リアリストに私たちもならなければなりません。私たち自身がそういう対等概念を持っていたとしても、相手が対等概念を持っていないことはいくらでもあります。逆に、すべての人間関係を見るときに

「人との関係が『上下』しかあり得ない人」

たちもたくさんいます。そういう人たちは不幸なことに、友人関係にも上下関係を持ち込むので真の友人を作ることも出来ませんし、職場でも明確な上下関係がある間はいいのですが、その上下関係が崩れた瞬間に、元部下だった人たちが人事異動と共にあっというまに離れてしまいます。

あるいは、相手の肩書きをみて、少しでも自分より上だと考えてしまうと、とたんに媚びへつらうのです。

私はそういう人たちを、

「ランク主義者」

と呼んでいます。

そして、そういう人たちが、名刺交換をするときには、互いにどちらが上下に位置するのかをまるで、ポケモンのカードを出し合うような感じで、名刺を見ながらバトルをするのです。

これは、互いに名刺にある企業名や役職名、企業の大きさや資格の有無、政府や経済団体の肩書きの有無などで

「ランク・ジャンケン」

をし合うのです。そして、相手の会社や肩書き、役職などを見て、

「相手のランクの方が上だ」

と思った瞬間、態度がはは一一一っとなります。特にこういう方たちは、企業で一通り

の役職を得ると、次は政府や経済団体の役職や名誉職を獲得することに血道を上げます。これもなぜそうなってしまうかというと、日常生活で、対等な世界でのコミュニケーションを行っていることがないからです。

しかも、このランク・ジャンケンは名刺に載っている情報だけでなく、相手の

◎出身校
◎家族構成や出自
◎その他の社会的地位

などをとても気にします。

そして、私たちに大事なことは、こういうランク・ジャンケン主義者に対して、その人たちを対等に持っていこうとしてもムダなので、何かその相手たちと交渉ごとが必要になったときには、そのランク主義者に対抗できるようなランクを自分も身につけるか、ある

いは、彼らが平伏するようなランクを持っている人の力を借りることも視野に入れなければいけません。

「断る力」の発揮というのは、あくまで合目的なものです。断ること自体が目的化してはいけません。もし、相手と対等の立場が築けないと判断した場合には、自分が行いたい目的にしたがって、時にはランク・ジャンケンのカードを切ることも必要なのです。

■第1章のまとめ

第1章のポイントをまとめます。とにかく、「断る力」、すなわち、望まないことには「NO」ということを相手に伝え、適切な自己主張を行いながら、自分が集中すべきことに時間と力を集中することです。そしてそのことで相手の信頼を勝ち取り、相手の依頼をすべて受け入れることが出来なくても、そういう人たちが私たちの応援団になってくれるような仕組みを築き上げます。その結果、私たちは「コモディティ」から「スペシャリティ」になることができるのです。

以下、もう一度復習のためのポイントを掲げます。ぜひ、気になるポイントを必要に応じて読み返してみてください。

◎あなたが言葉を使って言わなければ、絶対相手は分からない（38ページ）。
◎断ることで失うものよりも、得られるものの方が大きい（66ページ）。
◎「なぜ嫌われるか」の原因を分析しよう（89ページ）。
◎嫉妬されるぐらいの人になろう（105ページ）。
◎「悪意」の奥底にあるバックグラウンドを理解しよう（118ページ）。
◎私たちは自分の扱い方を人に教えている（128ページ）。
◎「断る力」を身につけるには、相手との「対等」な人間関係が必要（133ページ）。

第2章

ホップ

自分の揺るぎない軸を持つ

第1章ではひたすら、「断る」ということをキーワードに、いかに自分の評価の軸を持ち、相手と対応し、「嫌い」や「嫉妬」をコントロールしながら、自分の力を発揮し、「コモディティ（汎用的な人材）」から「スペシャリティ（市場価値の高い人材）」に変化していくか、その総論を書いてきました。

第2章以降では、

第2章（ホップ）自分の揺るぎない軸を持つ
第3章（ステップ）相手への建設的な影響力を発揮する
第4章（ジャンプ）「断る力」で、自分と周囲の好循環を作る

の順で、どうやってその力を身につけていくのか、各論を説明していきたいと思います。

あれだけ繰り返したことで、ほとんどの読者の方にはしつこいと思いつつも、第1章で、

「断る力」の威力について、そして、断らないことのデメリットについて、何らかの形で、とりあえずやってみよう、と納得してもらえたのではないかと思っています。

ですから、ここからは、

◎どうすれば自信をもって、しかも、相手と波風も立てずに、信頼感を醸成しながら「断る」ことができるのか

を提案していきたいと思います。実は、この本を書くときに、断る力について触れている本をだいたい購入して、読んでみました。そして、参考になる部分もたくさんあったのですが、どちらかというと

「この場合はこうする」、例えば仕事の場合には、男女交際の場合には、メールの場合には、というような個別具体的なケーススタディが主で、細かいテクニックが満載の一方、その根幹となる哲学や考え方については残念ながら、触れられていないようです。

私がこの章でまず説明したいのは、断る力に向けた哲学です。「断る力」の前提には第1章では対等の関係がある、ということをしばしば説明してきましたが、対等の関係を保つために必要なものは、この第2章で説明する

「自分の揺るぎない軸」

なのです。

■自分に責任を持てるのは自分だけ

自分の揺るぎない軸を持つための万能薬はあるでしょうか。一つだけあります。それは、

◎自分に対して責任をすべて持てるのは、自分一人だけ

という、自己責任の概念を徹底してはぐくみ、追求するということです。私たちは生まれたときには、自分という存在についても、自分の責任という概念もありません。それが幼少から両親その他から教育を受け、その後初等教育、中等教育、高等教育と進むことにより自分で考え、判断する能力を養うことになります。そして、職業訓練を受けながら、他者の役に立てる能力を育成しながら、その過程の中ではじめて、「自己責任」の重要性を一つ一つ理解していくのだと思います。

よく、なぜ教育を受けなければならないのか、なぜ仕事をしなければならないのかという疑問が生じますが、その答えは「他人の役に立つため」だと私は考えています。そして、他の人、という視点を一歩ずらして、自分という軸を考えた場合、必要なことは「自分の責任について自覚する」ということだと思います。しかし、自分の責任というのは、あくまで、自分の能力が上がってきてはじめて、自分の責任を考え、判断し、引き受けることが出来るわけです。だからこそ、未成年は法律上、さまざまな責任範囲が限定されていますし、私たちも成人したからといっていきなりさまざまなことについて責任を持てるわけではありません。

だからこそ、教育、そしてその後の職業訓練を通じて、ここまでであれば、自分で責任を持て、自分で考える、という自分が引き受けられる責任の範囲を一歩ずつ広げていくことが、私たちの成長であり、自分の揺るぎない軸を作るためのたった一つの方法だと思います。もちろん、職業訓練だけではなく、結婚したり子どもを持ったりして家庭での責任を引き受けること、学校のＰＴＡや地元の清掃やお祭り、パトロールなどを通じて地域貢献活動に参加してコミュニティ作りの一端を担うことなども、自己責任を育成する、たいへん優れた方法です。

いずれにしても、何かタスクを任され、それについて自分で判断し、行動し、その成果を自分の責任として披露をし、評価される。その繰り返しだけが、自分の責任能力を育成していきます。

そして残念ながら、成人になると、自分に代わって責任を持ってくれる人など、１人もいないのです。それは、親だって、政府だって、官僚だって、警察だってそうです。究極的には、何もかも他人のせいにせず、自己責任をひたすら考え抜くことが、自分の軸を磨くことになります。

そして、その自己責任を磨く際に、なぜ「断る力」が関係するかというと、ものごとを引き受ける、断る、というのは、「ここまでであれば、自分の責任の範囲で十分に引き受けられる」、「これ以上は自分の責任の範囲を逸脱してしまい、結果について保証が出来ない」ということを即座に判断し、意思表示をすることに他ならないからです。
したがって、自分に責任を取るということは、他人に責任を押しつけることを止めて、自分に責任を帰着させる生き方になります。そして、第1章でも触れましたが、

「断ること」

はすなわち、

（嫌われるなどの）リスク要因

を自分で引き受ける生き方です。他人に対して断ることをせずに、

「リスク・ミニマイズ（最小化）」な生き方

を続けることは、可能は可能です。しかし、このことを繰り返していると、いつの間にか全体的な誤謬として、企業も、家庭も、そして社会全体も活力が失われ、新しいことにチャレンジする気力がなくなり、生産性が下がってしまうことになります。

ただ、リスクをむやみやたらに取ることも避けるべきです。「断る」というのは、すなわち、自分自身がどこまでのリスクだったら、自分の責任において引き受けられるか判断することを繰り返す

「リターン・マキシマイズ（最大化）」な生き方

に人生を変革していくということを意味すると考えてください。そして、自分に責任を持ち、断ることを繰り返すことで、自分がどこまでなら責任が取れて、どこからだと逆に過剰なものになるのか、あるいは過小なものになるのか、自分の経験の中で判断をしていくことが技能になります。そして、その経験の積み重ねだけが、自分の軸を作り、他人に対して自分が「この部分だったらあなたよりも年月の積み重ねがあって優れているであろうから、この部分を助力として提示できます」という自分の力につながるのです。

■ビートたけしさんの「毒舌」の正体とは？

　自分で責任を持つ言動を繰り返す人で、私たちもその行動がとてもわかりやすい人の筆頭に、例えばビートたけし（北野武）さんがいらっしゃいます。いみじくも、ビートたけしさんの代表著作は『だから私は嫌われる』（新潮社）です。ほかにも、『悪口の技術』（新潮社）や『裸の王様』（新潮新書）、『貧格ニッポン新記録』（小学館101新書）などで自分の軸をしっかり展開しながら、常識と言われるものとは違う見解を、しっかりとした自分のことばで、繰り返し繰り返し私たちに説明してくれています。著書だけではなく、「週刊ポスト」や「東京スポーツ」（東スポ）といった週刊誌や新聞などのマスメディアでも、その持論はさまざまな形で掲載されています。また、文字情報でなくても、最近では毎週土曜日夜10時から、TBS系列で「情報7daysニュースキャスター」というニュース番組を持ち、そのMCとしても活躍しています。

　それでは、ビートたけしさんが体現するものは何なのでしょうか。

私は、「リスク・ミニマイズ」的な生き方を強いられてきたおじさま世代の人たちが、たけしさんの「リターン・マキシマイズ」な、赤裸々な毒舌、演説を聞いて、まるで自分がそれを言っているか、思っているかのように感じながら、それをカタルシスとして味わい、「すっきり感」を得ているのではないかと思っています。

すなわち、社会でも会社でも明確な「断る力」を育成することが許されなかったおじさま世代の人たちの代弁者として、たけしさんが、さまざまな形で、ここがおかしい、あそこは正すべきだ、という具体的な視点を持ちながら、社会にノーをいい、政治にノーをいい、経済にノーを言う、という問題提起を行っているのです。特に、これだけ忙しいたけしさんが、わざわざニュース番組を新しく持ったというのは、よほど強く私たちに訴えたいことがあり、いてもたってもいられないのでしょう。

そして、たけしさんの大胆な行動を支えるものは、それはひとえに、これまでのさまざまな経験と実績に裏付けられた、**「強い『自信』」**に他なりません。

それでは、同じ日本社会にいながら、たけしさんはなぜ、そのような自信を育成できたのでしょうか。それは、やはり、たけしさんの毒舌、すなわち自分で考えて、自分のことばで説明をするその力こそが、その自信の源であると私は考えています。

「だから私は嫌われる」と毒舌を展開しながらも、その毒舌に、私たちを代弁してくれている姿にしびれ、その大ファンになってしまうのです。

第１章に出てきた、顧客満足度の調査指標であるNPS（推奨者の正味比率。95ページ参照）を思い出してください。どんなにその毒舌にカチンと来る人がいたとしても、多くのファンがたけしさんの意見をサポートし、支え続ける限り、そのタレント性は失われないでしょう。

さらに付け加えると、たけしさんが登場する以前は、お笑いは、もともと、予定調和的なアットホームな雰囲気、すなわち、萩本欽一さんに代表されるような「リスク・ミニマイズなお笑い」でした。すなわち、視聴者の誰にも「ノー」を突きつけない平和なやわらかい「お笑い」です。

そうしたところに、登場したのがビートたけしさんです。１９８０年代、たけしさんは、お笑いの世界に新しいパラダイムを持ち込みました。「オレたちひょうきん族」などのテレビでPTAなど〝良識的〟な団体や人々からは徹底的に嫌われようとも、時事問題や人物批評に関しての毒舌を持ちこみ、そうした「悪評」をリスク・テイキングしたことで、「リターン・マキシマイズなお笑い」を追求し、爆発的な人気を獲得したのです。以後、完全に「お笑い」の世界のパラダイムをシフトさせてしまったのです。

なぜ、お笑いの世界はリスクを取ることが可能だったかというと、ある意味、競争が激しく、かつ、自由競争の風潮が強いからです。お笑いの世界を含めた芸能界は、男女差別や年齢差別、人種差別などとは無縁です。あくまで、視聴者をファンとして獲得し、その共感を得て、言いたいこと、思っていることを代弁できる人材が実力で選ばれます。だからこそ、自分の軸がない「いい人」は、登用されにくく、また、一時的にはまぐれで登用される可能性もゼロではないでしょうが、そういう人たちは数年内に淘汰されてしまいます。そして、新しい世界観を持ちこみ、自分のリスクでもってファンを獲得できたような人材しか残りにくいため、ある意味、よりゆっくり進む企業社会に比べ、今後起こりうることのリトマス試験紙となり得るのです。

■上手に「断るリスク」を取る具体的なコツを学ぶ

リスクを取ってこそリターンがあるのだということはもう、わかった、と言われそうです。そして、このリスクを取る、特に旧来的なしがらみに対して断ったり、自分がしたいことについてのクレームを遮断したり、あるいは凡庸なリクエストに対して断ったりするような際に大事なことは何かというと、それが取るべきリスクか、取るべきでないリスクか、判断することに尽きるわけです。なぜなら、リスクを果敢に取ったとしても、その期待リターンが低ければ、その投資は「ハイ・リスク、ロー・リターン」なものになり、相手の気分を害して既存勢力から嫌がらせをうけたり、自分の時間を浪費したりするだけに終わるかもしれないからです。

したがって、私たちが断る、という行為を取ろうとしたときに判断すべきことは

◎どこまでを許容範囲と捉え、どこからが「嫌われる」というリスクをおかしても断らなくてはいけないのか、明確な基準を作る

ことが必要です。また、むやみやたらに断らなくてもいいよう、その予防策として

◎そもそも意に沿わない依頼をうけて「断る」というリスクを取らなくてもいいような、

環境をつくれないか、とことん考える

という2点に集中していくことなのです。

断る力、というのは自分の専門分野を定め、自分の交友範囲を定め、そして、自分が能力を発揮出来る環境を自分の力で整えていく、ということになります。

その場合、自分の陣地内において不愉快なことが起こったり、意に沿わぬ人物が自分の中に踏み込んできたりしたときに、どう対応するかということが求められます。

たとえば、次の問いについて、どう答えたらいいでしょう。

Q：「自分を嫌う相手」を、いついかなる場合においても、徹底的に押しやり、退治するというリスクを負うべきでしょうか。

まず、私のお薦めの答えは、基本的には「相手を理解する努力をした上で、こちらに直せるところがあったら直し、それ以降はほうっておくこと」です。下手に相手にまっこうから反論したり、退治を試みたりすると、かえって相手にストレスがたまります。そして、押しつけられた相手は、ますますこちらへの「嫌い」が増幅しかねません。

とはいえ、本当に対峙をしなければならない場面ももちろんあります。特に、職場など閉鎖的な空間で逃げ場がなくなり、無視できなくなったときにはそうでしょう。そうなった場合には、「徹底的に、相手が二度とあなたに対して、攻撃してこなくなるまで、納得し、得心してもらう。場合によっては、同じ空間から退場してもらう」くらいの覚悟がない限り、逆に直接的な関与をしてはいけないのです。

私も20年近い会社勤め生活の中で、陰に陽に、対立があったり、足を引っ張られたりしたことがありました。その時に一番いい方法は、自分の業績をしっかりと積み上げることで、その足の引っ張り合いには参加をしないことです。しかし、直接的に足を引っ張られ、それが面と向かって罵倒されるような場面では、そのまま殴られているだけではまさしく、「こちらが相手に自分の扱い方を教えてあげている」という法則の通り、殴られてもいい人だと勘違いをされてしまいます。なので、うまくよけきれない場面にいるときには、適切な反撃をしなければなりません。

しかし、その適切な反撃は、戦略的に、かつ、必ずこちらが勝つ方法で行わなければならないのです。そうでなければ、参戦するということだけで自分のリソースを使ってしまい、泥沼化しかねないからです。

特に、何か対立が生じてしまった場合には、「圧倒的な事実」「圧倒的な証拠」が私たちの味方になります。どんなに相手が理屈をこねて、細かいことで攻撃してきたとしても、こちら側に実績があれば、相手は単に負け犬の遠吠えとして他者には映るわけです。したがって、対立が生じたときに素早く客観的な味方を多くつけられるよう、もともとのファンを作っておく、実績を上げておく方が、対立の中で「退治」というリスクが高い方法をとらなくても対応できることです。

いずれにしても、圧倒的な事実で予防するにしても、やむを得ず相手に対して反撃を行うにしても、

◎中途半端な対応はしない

ことが一番大切です。

さらにもう少し踏み込んで、こちらを嫌っている相手の立場を考えてみましょう。いかに相手がこちらに対して嫌い、嫌いと意思表示をしても、こちらが、どこ吹く風で対応しなかったら、どうなるでしょうか。実はこの場合、時間が私たちの味方になるのです。なぜなら、よほどのことがない限り、反応がない相手に対して、あらゆるコストをかけて、嫌いぬくという選択をする人はそうそういないからです。

必ず、何かを繰り返す際に、人間には「飽きる」という心理状態が起こります。私の経験則上、ストーキングをされたり、ネットやリアルの場で嫌がらせをされたりした場合、こちらが何もしなければ、相手のそういう行為が半年以上続くことは、まずありません。だいたい長くて３ヶ月、通常はせいぜい、数週間程度です。なぜなら、攻撃をする人たちは、攻撃することで相手が反応し、自分の立場まで下りてきてくれたり、それによって生産性が阻害され、あるいは自分という人格を認めてくれることでカタルシスを得るためです。しかし、その存在自体を無視されてしまうと、自分の行為に対して何も、得られるものがないため、エネルギーが続かないので、次の攻撃目標にスイッチするのです。そう、見返りがないことは相手もしないので、私たちも相手に見返りを与えてはいけないのです。

したがって、先ほどの質問に対する答えは下記になります。

A：むやみに反応せず、時間と距離を置いて、相手が飽きるまで待つことを第一の戦略とする。

とにかく、私たちが何か反論する場合、反論というのはリスクを伴うことですので、リターンがない限り、行ってはいけないのです。逆に、こちらが淡々と業績を上げて、あるいはファン作りを重ねて、相手の反論が明らかに嫉妬から生じている、難癖であるという印象を大半の人（覚えていますか。アッシュの実験では、賛成派が反対派の3倍を上回ると、そこに空気が出来てしまいます）に持たせてしまえば、ほうっておくことで、ノーリスクでリターンを得ることが出来ます。

■ネットにおける「果たし状」〜批判を繰り返す人の心理を考える

もっとも、ネットがこれだけ発達した今の社会では、いろいろと不思議な現象が起きます。例えば、「勝間和代」という人物について、マスメディアその他から入手できた情報だけを元に、批判を繰り返し、自分のブログのエントリーや場合によっては、私のブログへのコメントという形で意見を表明する人がいます。

おもしろいので、例えばそういう批判的なブログのエントリーをわざわざ書く人のブログをなぜだろうと、じーーーっと過去ブログを含めて読んでいくと、おもしろいことがわかりました。その人は、私だけではなく、過去にも、例えば梅田望夫さんのような、ある時点で「旬な人」「時の人」を取り上げて、批判的というか、それを通り越した悪口を言い立てていることがわかりました。

つまり、この人は勝間和代や、梅田望夫さんを嫌っているというよりは、「旬な人を嫌う、批判する」ということがスタイルであり、持ち味なのです。そして、私はこういった旬な人への批判を

「果たし状」

と呼んでいます。果たし状とはすなわち、宮本武蔵に果たし状を渡して決闘を申し込むようなイメージです。そして、相手が無視した場合には「逃げた」と言いふらすことができますし、仮に相手が対応してくれれば、「相手はオレを恐れて対抗してきた」と言い立てることができます。いずれにしても、「果たし状」を送りつけることは、自分の名を上げる行為となり、本人にとってプラスになり得るのです。

さらに、このような「果たし状」を書くブロガーの心理をもう少し深く分析してみましょう。

おそらく、このブロガーたちには、次のような「思い込み」があるのだと私は仮説を立てています。

「自分は今、旬と言われている人たちと同等か、それ以上に優れているのに、誰も認めてくれない」

そうした状況で、Aさんという人が「旬の人」「時の人」などと言われて、認められているのを目にすると、ある意味、納得できなくて仕方ない、あるいは悔しくて仕方ないの

で、

「Aさんにはこんなに悪いところがあるのに、認められているのは変だ」

と言わないと、心の平静が保てないのです。すなわち、間違っているのは世間であり、周りの評価であり、正しいのは自分の批判なのです。私はこれを「I'm right. You are wrong.」思考と呼んでいます。

だからこそ、こういった批判を繰り返すブロガーは、間違っている世間の思い込みをただすため、みんなのためを思ってAさんを批判していると心の底から考えています。すなわち、流行っている人を批判することは、自分にとっても、自分の立場やAさんの実力を「誤解」している社会にとっても、それは正義なのです。

ただ、残念ながら、こういう批判を繰り返す人が、Aさんよりも優位な立場に立つことはほとんどありません。なぜなら、私がふだんこれまで接してきた、大きな業績を成し遂げてきた人たちは、例外なく、「I'm right. You are also right.」というスタンスの人たちで、自分達に自信はあるのはもちろんのこと、周りの人たちに対しても実に寛容で、他人に対する批判など、批判のための批判はほとんどありませんし、何か注文をつけるときにも、根拠と対応策をしっかりとセットにして、建設的な批判を行う人たちだからです。

とにかく、「果たし状」には、もっと自分を認めて欲しい、あるいは認められている人たちのあら探しをしたい、という強い欲求があるので、その人たちに対する一番ふさわしい対処法は、

「ほうっておく」

ということになります。そうすればそのうち、攻撃に飽きてくることでしょう。反応しない壁に向かって、ひたすら批判を繰り返せる人は少ないのですから。

■適切な「自己評価」がすべての基本になる

そして、自分の軸を作る一番の基本は、「適切な自己評価」、これに尽きます。まわりに比べて自分は何が得意で、何が不得意なのか。したがって、どこまでは自分の責任として

よりたくさん引き受けることが出来て、どの部分については逆に得意な人に任せるべきなのか、その線引きをすることが「断る力」を身につける極意なのです。

ある意味、先ほどの事例として出てきた「批判を繰り返すブロガーたち」は自己評価が正しくできていないのかもしれません。もちろん、本当に活躍できるだけの実力があるのにそれが認められていない人はゼロではないでしょう。しかし、今の日本の社会全体のシステムは意外とよくできていて、ある程度実力がある、すなわち、何らかの形で社会に貢献でき、経済活動に関与できる人を見逃しません。現に、今さまざまなブロガーが私を含めて著者としてデビューしていますし、また著作という形でなくても、実力ある人たちは周りと協力しながら、企業を興したり、プロデュース業を行ったりして、「自分を認めて欲しい」とブログでつぶやく以前に、リアルでの行動ですでに自己実現を果たしているのです。

すなわち、「自分は実力がありもっと認められていいはず」とどんなにつぶやいたとしても、それが何らかの形で客観的な評価に結びついていない限り、「負け犬の遠吠え」になってしまうのです。

客観的な自己評価については、いろいろな場面でテストを受けることがあると思います。

私も、運転免許の適性試験から始まり、大学に入るとキャリアカウンセリングということで受け、社会人になると適性検査で受け、その後も四半期ごとに360度評価のような形で周りからフィードバックを受け続けてきました。

ほかにも、マッキンゼーに入った当初、会計士やトレーダーしかしていなかった私の話が、コンサルタントとしてはなぜ通じにくいのか、人事マネージャーの薦めで、アンケート調査票を作って何十人かの人に自主的な回答をいただいて、たいへん参考になったことがあります。

そこで出てきた話は「相手の理解度を測らずに唐突に自分が言いたいことだけを言う」とか「早口である」などでした。うすうすわかっていて、口頭で注意されてきたことでも、それが明文化されて、しかも大量の人から文書でもらうと、まったくインパクトが違います。今でも、この2点は私の大きな課題ですが、そのアンケート調査を取ってから早10年、以前よりは自覚をした今のほうが、よほどわかりやすいのではないかと思います。

ある意味、私たちの生き方の中で、どの方向性に進んで、何を成し遂げるべきか、何について考えるべきかと言うことは

◎自己評価に始まって、自己評価に終わる

と言い切っても過言ではないと思います。よく、「自分との対話」というような表現をしますが、手帳が役立つのも、ブログでいろいろなエントリーを書き込むことが役立つのも、自分同士で会話をする役割を果たすからでしょう。

また、正しい自己評価があるかどうかは、私たちがリスクを取る際にも、適切なリスクを取れるか、取れないかの分かれ目になります。アンダーセンやマッキンゼー時代の同僚が何人か、エグゼクティブ・リサーチャー、いわゆる転職エージェントになっていますが、その複数の人たちが口を揃えて言うのは、

◎自己評価が正しくない人は、転職しても高い確率で失敗する

という感想です。その人が客観的に優秀だったとしても、自己評価がそれ以上に高いと、転職が成功しないそうです。もちろん、自己評価が実力より低すぎても、自己アピールが下手で面接を通らないので、低い人に対しては客観的なアドバイスと面接指導をして自己

評価を上げることが可能なのですが、高い人を下げるのはかなりたいへんだということでした。

実力以上に自己評価が高いと、まず企業選びの段階で注文をつけるし、実際に企業に入ったとしても、「口で言っていたほど使えない」ということでエージェントにクレームが入るのです。実際、私たちも人と接していて、明らかに実力よりも天狗になっている人と話をすると、痛々しさを感じると共に、できればあまり関わり合いになりたくないと思ってしまいます。

そして、その実力とは、本人の自己申告ではなく、過去の実績とか、実際に仕事として成し遂げてきたことで測るしか、第三者にはわからないわけです。

■評価しづらい能力も評価する

そうはいっても、評価もわかりやすいものと、わかりにくいものがあります。たとえば英語の能力などは、TOEICなどである程度客観的な評価を点数でつけることが出来ます。もちろん、同じ900点の人同士を比べてもばらつきはありますが、それでも、TO

ＥＩＣが９００点の人と５００点の人を比べたら、９００点の人の方が英語ができるのは間違いないでしょう。

ＴＯＥＩＣをはじめとした定評ある客観テストは、「信頼性」と「再現性」の２つが確保されています。信頼性とはすなわち、先ほど説明した５００点と９００点を比べると、９００点の人の方が明らかに英語の能力が高いということです。また、再現性とは、５００点の人が何の努力もせずにもう一度、同じテストを受けると、再び５００点に近い点数が出るということです。ある意味、英語のような単教科は評価の測定がわかりやすいのです。

一方、「コミュニケーション」や「リーダーシップ」といったような、再現性や信頼性を担保した「評価」をしづらい能力も多数あります。こういった定性的な能力についても、出来る限り私たちは

◎得意
◎不得意

を把握しておく必要があるのです。そして、なるべく得意な能力を使う場面を増やし、不得意な能力を使わなければならない場面を減らしていきます。「断る力」の最大のミソは、実はそのための資源配分にあるのです。

何が得意で、何が不得意かということは、企業勤めの場合には年次の自己評価のシートでも、360度評価でも、さまざまな形で受け取ることが出来ると思いますが、もしそういう客観的な評価が受け取りにくい人、あるいはより、統計的に裏付けがある評価が欲しい人は、これまでの自著でも繰り返し紹介してきましたが「ストレングスファインダー」というギャラップという調査会社が実行しているテストをお薦めします。

ストレングスファインダーでは、私たちの強みを34に分類・定義し、40分くらいのテストを受けることで、そのうち最も私たちがその能力を快適に使いこなせる5つを提示してくれます。

ストレングスファインダーを受けるためには、下記のいずれかの書籍を買うことで、書籍のカバーの裏にあるコードを使って、インターネット上でテストを受けることができます。そのコードは一度しか使えず、古本の場合にはすでに使われている可能性がありますので、ご注意ください。

・マーカス・バッキンガム、ドナルド・O・クリフトン、田口俊樹訳『さあ、才能《じぶん》に目覚めよう――あなたの5つの強みを見出し、活かす』（日本経済新聞社）
・トム・ラス、ドナルド・O・クリフトン、高遠裕子訳『心のなかの幸福のバケツ』（日本経済新聞社）

そして、私の得意技は下記の5つです。

1. 学習欲
2. 着想
3. 最上志向
4. 活発性
5. 目標志向

このトップ5つの強みとは、ギャラップの説明によると、血肉となっていて、無意識にも活用できるものです。また、34の資質は関係資質、影響資質、動機資質、思考資質の4つに分類できるのですが、私の得意技は、強く思考資質と動機資質に偏っており、他者に対するコミュニケーションなどについては副次的なものだということがわかります。

したがって、無理に関係資質を磨くよりは、思考資質に注力して、その力を使って他の人との関係性を保った方が効率的だということがわかるのです。こういうテストを使うことで、

◎自分の得意・不得意が何か、明文化すること

ができます。そうすると、自分より、何かの面で能力が高い人がいた場合に、落ち込んだり嫉妬したりする必要が無くなります。なぜなら、相手と自分とでは、得意技の資質が違うためです。

特に、私は関係資質については前から弱いことがわかっていましたが、34の資質のフルレポートをもらったときにも（こちらは有料で請求できます。トップ5に加えて、すべての34の順位が出てくるレポートです）、ボトムに関係資質が並んだのを見て、より客観的に不

得意であるということが理解できて、あきらめがつきました。34の資質の中で、ようやく11位にはじめて関係性の資質がでてきて、33番も34番も関係性の資質だったからです。代わりに、学習や着想については、まったく苦にならないどころか、自分にとっても喜びなので、自分が出来ることをひたすら磨いていき、その強みを軸に、人との関係性を深める方がいいと考えています。そうすることで、自分とは違う人たちの強みを尊敬はしても、うらやむことがなくなるからです。

■「努力」の量はかけた時間で評価できる

「努力」というインプット側については、ＴＯＥＩＣの点数のように、わかりやすいアウトプットとして評価しづらいと思う方が多いと思います。また、「努力」ということばには、「がんばる」「根性を入れる」といったような精神論がつきまとうため、なかなか定量化が難しいと考える人が多いと思います。

しかし、私は努力も、測定が可能だと思っています。どのように測定するかというと、とても簡単です。

◎努力＝使った時間配分量

と考えればいいわけです。しかも、私たちには1日は24時間しかありませんから、多数のことに努力をし続けることは実は不可能で、せいぜい2つか3つのことに集中しなければ、努力の成果は出ないわけです。だからこそ、得意なことを見つけて、そこだけに時間を割り振るようにしないと、努力の効率が悪くなります。

この考え方の背景として参考にしたいのは、『世界一の美女の創りかた』（イネス・リグロン著。マガジンハウス）という本です。この本の著者のイネス・リグロンさんは、ミス・ユニバースジャパンのナショナル・ディレクターとして、世界一の森理世さんや世界2位の知花くららさんなどを育てたトレーナーの方です。この本のキーメッセージはいたってシンプルで、

◎世界一の美女になるためには、あらゆる時間を「美女になる」ために費やさなければならない

ということなのです。脇目もふらず、すべての生活習慣、行動、努力をミス・ユニバースに向けて行くのです。例えば、美女になるためには、必ず1サイズか2サイズ、小さめのパンツをはくように、イネスさんは言います。また、最初に候補となる女性に向けて、通勤電車に乗っている生活(コモディティ)から、半年後には通勤電車から見える広告に出ている自分(スペシャリティ)になるということを説いていくのです。そしてドレスアップしたときにも、普段着の時にも、周りの目を意識し、グラマラスな自分を演出することを指導します。

森理世さんや知花くららさんを、「もともとスタイルがよくて綺麗な人だから」と考えるのではなく、この本が教えてくれるのは、莫大な分量(それでも、半年間です)の努力でこんなに才能が開花するのだということです。

もっとも、私たちの目的はミス・ユニバースになることではないので、そこに書かれている手法がもちろんそのまま、使えるわけではないのですが、努力というのはすなわち、

◎あらゆる人に1日24時間平等に与えられた「時間」という資源をどのくらい、集中し

て「配分」するか

という、

「資源配分」

の問題なのです。

すなわち、努力については、以下の2点に集約されます。

◎自分がそういった時間を配分してもいないのに、他人が得意なことをうらやましがってもしようがない

◎どの分野が得意か不得意かというのは、自分のこれまでの時間配分の結果である

例えば、パチンコやパチスロが大好きな人たちがいます。この人たちは、「努力をして

いない」のではなく、「パチンコ・パチスロを行う努力」をしていると考えるべきです。ただ残念なことに、パチンコ・パチスロへの努力は、パチンコ・パチスロにしか適用できないということと、もともと、パチンコは天引き率が約10％あるため、期待値90％の賭け事を続けていることと同義のため、勝ったり負けたりしながらも、だんだんとトータルではマイナスになっていくゲームを演じているということに気づきにくいのです。むしろ、パチンコ・パチスロに熱中することの問題は、その時間分、ほかのことへの努力ができないという機会損失の方です。そして、パチンコ・パチスロを得意分野にしても、パチプロ以外では役に立たないので、もったいないのです。

同じように、私がテレビのながら視聴を問題にするのは、そのながら視聴をする努力が、私たちの得意分野を伸ばしたりせず、あるいは芸能人や番組の内容に一家言を持ったとしても、それが役に立たないことが多いためです。例えば、私の知り合いの、小売り業界の証券アナリストはすべてのドラマを録画して、ドラマの場面でどういうものが流行っていて何がトレンドで、これからどこに消費が向かっているのか、事細かに分析を重ねていいます。そのアナリストにとっては、ドラマを見ることは必要な努力なのです。

また、私も業務以外の移動中やお風呂、トイレ、ネイルが乾く間などのすき間時間は、いつでも、どこでも本を読み、ブログを書き、連載記事や本の原稿を書いています。私が森理世さんや知花くららさんをめざしても得意技でないのですからしかたがなく、それよりは、興味がある本をむさぼるように読み、また、日常生活や自分の経験の中で気づいたこと、考えたことをなるべく文字という形に落とすことによって、思索を行う訓練をひたすらしているのです。

そして、それが1日1時間だったとしても、それが365日、そして数年間あるいは数十年間積み重なるうちには、莫大な量の時間配分、すなわち努力の違いとなります。自分がどこの部分であれば夢中になって時間が使えるのか、そして、その努力の成果が他者に搾取される分野の努力ではなく、自分の見返りとして返ってくる努力なのか、ということで努力の量を評価することができるのです。

■自分の評価をするためのより具体的な方法を知る

自己評価の大事さと方法については162ページからの「**適切な『自己評価』がすべての基本になる**」で概要を説明してきましたが、ここではより詳しく、自分の評価を得る方法を紹介していきます。

この自己評価ですが、私は「アセスメント (assessment)」という英語表記の方がしっくり来ます。アセスメントとは、よく不動産や環境、課税評価に対して使われる用語です。例えば、環境アセスメント、というような組み合わせできいた人が多いと思います。評価、というと定性的な評価をイメージしてしまいますが、アセスメントというと、ある一定の軸により定量的な分析を行い、さらに、その評価基準として、評価の対象が周りに対してどのような影響を及ぼすか、という視点まで含まれています。例えば、「人材アセスメント」というキーワードで検索をすれば、さまざまな人事コンサルタントが開発した診断システムや評価方法が出てくるはずです。

以下、私たちが入手できる自分の評価をするための方法を6つほど列挙していきます。

1. 一番簡単な方法は、上司や友人、配偶者など、周りの人になるべくたくさん、直接、忌憚のない意見を聞くことです。直接聞きづらい場合には、信頼できる第三者に調べてもらったり、アンケートを行ったりすることもできます。

2. 次に出来る方法は、客観テストを使う方法です。前述のストレングスファインダーである『さあ、才能《じぶん》に目覚めよう——あなたの5つの強みを見出し、活かす』などを活用するか、就職試験によく使われる、内田クレペリンやSPIなども活用することが出来ます。

3．職場で得ることが出来る人事評価の機会を、くまなく使うことです。手抜きの上司の場合、こちらがドラフトを作ってはんこを押すだけ、などの場合もありますが、360度評価を含めて、真剣な態度で臨み、なるべく多数の中立的な意見を集められるようにします。

4．転職エージェントを訪問することも、いい方法です。訪問をするためには自分自身で履歴書や職務経歴書を書くため、客観的に自分を振り返ることが出来ますし、専門家が転職市場での市場価値という視点で客観的に判断をし、場合によっては2のような客観テストを無料で実施してくれます。

5．仕事上で関わりがある人、取引先や顧客の評判を集めることでも、自分の得意技、不得意技が集まるはずです。直接集めることもできますし、間接的に顧客のフィードバックが上司や会社に集められている場合には、それをただ待つのではなく、自分から積極的に聞きに行きます。

6．ある程度、一般に名が出ている仕事であれば、自分の名前をブログやSNS、掲示板で検索をしてみることもできます。これを「エゴ・サーチ」と呼びます。このことは怖いといって著名な人でもおこなわない人が多いのですが、一度踏み込んで行ってしまえば、客観情報としてたいへん役に立ちます。

1．まずは身近な人の意見を聞く

まずは、身近な人の意見を集めるのが第一歩です。誰しも、自分の客観的な評価を聞くのは怖いものです。そして、ほとんどすべての人が、自分についてはうぬぼれており、客観的な評価よりも自分の評価の方が高い傾向があります。しかしだからこそ、他者の評価を常に聞く必要があるのです。

ただ、第1章でも口を酸っぱくして説明しましたが、他者の評価をそのまま鵜呑みにして、それに振り回されては本末転倒なのです。他者にどう映っているか、ということをまずは情報として仕入れた上で、自分としてはどのように自分を評価するのか、あくまでその材料の一つとして使うのです。そして、自分に対する自分の評価が歪んでいるのと同様、他者のこちらに対する評価もさまざまな形で歪みがあります。だからこそ、身近な多数の人たちの意見を高い頻度で集める必要がありますし、また、身近な意見だけを鵜呑みにしてはいけないのです。

何回かＤＶ（ドメスティック・バイオレンス）の恐ろしさについて触れてきましたが、ＤＶの問題点は自分の評価をしてくれる人間がＤＶの加害者だけになり、その不合理な論理に囚われてしまうことなのです。

したがって、高い頻度で、幅広い人から、情報を集めるべく、努力をします。場合によっては信頼できる仲間でグループを作って、忌憚のない形での相互評価を行ってもいいでしょう。

誰しも、客観的な意見を聞くのは怖いものです。しかし大事なことは、その意見そのものの評価にいちいちショックを受けるのではなく、それぞれの意見の時系列変化を追いながら、自分がどのように変化をしてきているのか、自分の軸の鏡として活用することなのです。

自分の姿形であれば、鏡やデジカメ、ビデオなどの便利な機器があり、いつでもどこでも客観的に映し出すことが出来ますが、内面をわかりやすい形で映し出すのはたいへん骨が折れる作業です。だからこそ、信頼できる身近な人たちを巻き込んで、協業を行っていきます。

ただし、あなたが客観評価が好きだからと言って、求めていない相手にまで評価をして、押しつけることは絶対に止めてください。客観評価が受け入れられるだけの心構えになっていない人もいますし、相手が求めていないのに押しつけることは、相手にとって迷惑以外の何物でもありません。

２．客観テストを使う

身近な人のフィードバックは金銭的なコストはかかりませんが、ある程度時間がかかるのと、あと、信頼できる相手が必要なため、必ずしも適応できない場面があると思います。また、相手も評価の専門家ではありませんから、間違ったフィードバックや歪んだフィードバックが返ってくるリスクもあります。したがって、身近な人ほど深いフィードバックは得られませんが、客観的なアセスメント・テストを受けてみることを併用するのがお薦めです。

客観テストは

・ストレングスファインダー
・SPI（総合適性検査）
・内田クレペリン精神検査
・YG検査
・MBTI（Myers-Briggs Type Indicator）タイプテスト
・エニアグラム

などが代表的です。興味がある方は、それぞれのキーワードでネット検索を行えば、もっともっといろいろな情報が出てくるはずです。オンライン上で、無料で受けられるものもありますし、ストレングスファインダーのように本を買えば受けられるもの、専門のところで受けなければならないものまで、さまざまです。ちなみに、私はYG検査とSPI以外はすべて受けたことがあります。どのテストも、自分の能力を測る上でたいへん参考になりました。

上記のほかにもさまざまな試験があるようです。私が勤めていたコンサルティング会社では、入社試験に独自の論理力テストを使って、足切りをしていました。

そういったアセスメント・テストを受ける際の注意として、そのテストが、

◎統計的裏づけがあるか

という確認が求められます。『さあ、才能《じぶん》に目覚めよう』に使われているストレングスファインダーもそういった裏づけがある内容ですので、役に立ちます。もちろん、こういうアセスメント・テストにはさまざまな批判があり、必ずしも客観的でないのではないかということが言われていますが、どんなテストも完全なものはありませんし、私たち自身がテストを開発できるわけではありませんので、手に入るものの中で、一番優良なものを選んで使うしかないわけです。

とにかく、テストはどんどん、積極的に受けてみましょう。

そして、それによって、あなた自身の「スキル」や「能力」というものを客観的に把握し続けていきましょう。

一方、客観的な裏付けがないものの筆頭は「占い」です。進路に悩んだときに、占い師に相談に行くのは止めましょう。もちろん、先方はプロですから、いわゆるコールドリーディングという技術を使いながら、それなりにそれっぽいアドバイスはしてくれます。しかし、占いにも、統計的裏づけはありません。そして、2008年にベストセラーになった血液型系の本ももちろん、読み物としてはおもしろいのですが、自己評価や統計的な役割としては、かけらも役に立ちません。

まずは手に入る範囲内でのテストを使って、評価をしてみましょう。

3. 職場の人事評価を利用する

私がマッキンゼーやJPモルガンのような、米外資系企業に入って、一番ありがたかったのが精緻な人事評価制度でした。例えばマッキンゼーではプロジェクトごとに上司が、誰がつけても比較的ぶれが少なくなるよう、評価基準が行動レベルでかなり事細かに決められたシートにより5段階で評価をされます。さらに全体評価のほかに個別評価が細かく入り、微に入り細をうがち、具体的にどこが苦手で、どこが得意なのか、そしてそれぞれの苦手分野、得意分野が自分の属しているランクにおいて相対的にどのくらいの成熟度に達しているのか、数値で明確にわかるようになっているのです。

しかも、プロジェクトごとに上司が替わることが多いため、多数の上司から多面的な評価を受けることができ、さらに年次の細かい人事評価委員会もあり、とにかく、人を成長させるのにすごい勢いで人事評価を使うということをやっています。

これまで説明してきた方法1も2もある意味、他者の多大なコストを必要としたり、あるいはこちらが自腹でテスト代金を払ったりしながらでないと受けられない評価が、職場ではなんと、給料をもらいながら受けることができるのです。極端な話、上司に指導をしてもらっている最中も勤務時間です。

もっとも、この評価システム、自分が上司になって、年間何十枚も部下のシートを書くようになったら、めまいがするほど時間がかかりたいへんでした。とはいえ、そのシートの結果で部下の給料や昇進が決まるのですから、まったく手が抜けません。そして、どのようにしたら部下の長所をより伸ばし、短所を補うようにプロジェクトの仕事を割り振るのか、上司も真剣に考えるようになります。

会社にここまで精緻な評価システムがあることは稀だと思いますが、伸びている会社は人材育成に時間を使い、そして、人材のアセスメントに時間を使って、PDCA（Plan Do Check Action）のサイクルを素早く回すことで相手の成長を促進させる意味があるのです。

ぜひ、新卒の方は就職の際になるべく人事評価に時間を使っている会社を選び、すでに勤めている人は今ある評価システムを単におざなりにこなすのではなく、上司を含めて使い倒すことを考えてみてください。

4. 転職エージェントの力を借りる

私は、アンダーセン時代からの長いつきあいになる、コーン・フェリー・インターナショナル株式会社のシニア・クライアント・パートナーの岩本香織さんや、マッキンゼー時代の友人で、現在株式会社プロノバという人材紹介会社を経営している岡島悦子さんなど、エグゼクティブ・リサーチ、いわゆるヘッドハンティングの第一線で活躍している方々と話をする機会に恵まれてきました。そして、こういう方々とよくランチなどをして情報交換をしますが、話をするたびにほーーーーっと、目からウロコが落ちることが多いのです。

例えば、岩本さんからは私がまだ20代の頃、一流と言われている人たちの、年齢ごとの大まかな転職市場での年収の範囲を教えてもらい、自分もその範囲に属することが出来るよう努力しようと、とてもいいベンチマークをもらいました。また、最初の会計事務所から転職するときに、履歴書の添削をしてくれたのも、岩本さんです。

岡島さんからは、「キャリア・ドリフト」という考え方、すなわち、キャリアを一直線ではなく、ドリフトしながらも新しいスキルを身につけていって、より高次のスキルに自分を上げていく概念など、新鮮な情報を会う度にもらっています（岡島さんのより詳しい考え方に興味がある方は、著書『抜擢される人の人脈力――早回しで成長する人のセオリー』東洋経済新報社を参照ください）。

また、身の回りで転職エージェントを通じて転職した人たちも数多く、私もアンダーセンからはじめてチェース銀行に転職した時と、マッキンゼーから再びJPモルガンに戻った時には、どちらも転職エージェントのお世話になっています。そして、そのエージェントの方々からも、さまざまなヒントをもらい続けています。

転職エージェントは私たちを自分達の商品の仕入と考えますから、どのようにその商品についていいところを探し、市場で価値が出そうなマッチングがないか知恵を絞ります。

だからこそ、私たちが見逃している得意分野や、光る業務経験などを指摘してくれるのです。例えば、私がチェース銀行に転職する際に人事部長が評価したのは、岩本さんに言われてしっかりと書き入れたＩＴ系の資格であり、私としてはそれが金融機関に対して売り物になるとはまったく想像もしていませんでした。先方から見ると、会計系や金融系の資格保有者、あるいは英語が堪能だという人材に当たり前のように銀行を受けに来ますから、そこにＩＴ系の資格があるということは意外でもあり、とりあえず会ってみよう、という気になるのに十分だったのです。

もちろん、必ずしも転職を考えていなくとも、少なくとも自分が社外でどの程度の評価を受けられるのか、客観的な測定をしておくことは必要だと思います。なぜなら、私たちの寿命より、最近は会社や会社が行っているビジネスの寿命の方が短くなっているため、必ずしも今の会社での地位や会社の業績が安泰ではないためです。常に、代替案を考えておくに越したことはありません。また、今すぐ転職をしないまでも、市場に対してどの能力を磨いておけば、自分としての市場価値が上がるのか、転職エージェントと向きあうことで自分の新しい価値を発見することが出来ます。

場合によっては、自分の価値がそれまで想像していたよりも低いことを発見することもあるでしょう。しかし、そういった過信についてクール・ダウンし、転職エージェントが提供してくれるさまざまなアセスメント・テストや面談を通じて、

「自分は客観的に市場価値としていくらなのか」

ということを評価できるようになります。さらには、

◎得意分野
◎苦手分野

だけではなく、

◎自分の人生の優先順位
◎職場において、家庭において、何がしたいのか

など、自分の生き方を含めて、客観視するいい機会になります。もっとも、転職エージェントも必ずしも良質なところばかりではなく、私たちを説得してうまく転職に仕向ける人たちも少なからずいますので、もし本当に転職エージェントを探す際にはぜひ、クチコミなどを通じて、優良なところを訪問するよう、心がけてください。

5. 顧客や取引先の評価を活用する

私は常々若年層の方々には、職場を選ぶときには、フロントビジネス、すなわち、なるべく顧客に近いところの仕事をするように、推奨してきました。それはなぜかというと、社内評価はせいぜい四半期に一度、しかも特定少数からしか評価を受けられませんが、対顧客のビジネスにおいては、多数の方々から、「商売」という真剣勝負を通じて評価を受けられるからです。

もっとも簡単な評価は、相手から受注できるのか、売上を上げられるのか、ということでしょう。営業職として相手から信頼を受けられるのかどうか、前任者に比べて業績を上げられるのか、あるいは新規開拓ができるのか、それは一つ一つが真剣勝負であり、お客様から面と向かっても、あるいは上司や会社を経由して、自分の評判・評価を手に入れることが容易に出来るからです。

例えば証券アナリストの場合、「ブローカーズ・レビュー」という、お客様と証券会社との間で詳細なやり取りがあります。お客様がどのアナリストやどのセールスの仕事をどのくらい評価をしており、サービスとして評価しているところはどこで、もっと改善して欲しいところは何で、だからこそ、今期は私たちにどのくらいの手数料をくれる、というフィードバックの仕組みがあるのです。

日経ヴェリタスなどによる証券アナリストの人気投票は、直接の取引先でないところも投票が出来たり、もともと営業が地方や小さな運用会社にまで及んでいる日本系の大きな証券会社が有利だったりして、必ずしも公平な評価となりにくいのですが、ブローカーズ・レビューの場合、金銭のやり取りが絡みますので、たいへん公平に行われます。日本で有数のある運用会社のファンドマネージャーたちは、日経ヴェリタスの投票にはほとんど参加しませんが、ブローカーズ・レビューのためのブローカー・ポイント（このポイントの総計にしたがってシェアが配分されます）の配分は実に厳密に行っています。なぜなら、適正な評価をフィードバックすることで、自分達がよりよいサービスを受けられるようになるからです。

そして、そのブローカーズ・レビューの中では、アナリストもセールスも実名で挙げられ、どこの部分に顧客が価値を感じているのか、明確にフィードバックが来ます。これもある意味、顧客のコストにおいて、私たちはたいへんなベネフィットをもらっていることになります。

もちろん、顧客との間には相性がありますから、

「私たちを気に入ってくれる顧客」

はどういう人で、

「相性の合わない顧客」

はどうかということを冷静にプロファイリングしていく必要があります。そして、相手が求めていることについて、なぜこちらが満たせているときと、満たせていないときがある

のか、その差に応じて、自分の能力の評価が可能になるのです。

6. インターネットの評価を活用する

1〜5の手段と違って、適用できる人が限られてしまうのですが、ぜひ試してもらいたいのが、ネットからの評価の活用です。例えば、自分の名前を

・通常のウェブ検索
・ブログ検索
・mixi、GREEなどのSNSでの日記やコミュニティ検索
・2ちゃんねるなどの掲示板で検索

をしてみると、ある程度社外で活躍をしていることがある場合には、意外なくらい、名前が引っかかります。

特に、2ちゃんねるなどはネガティブな情報も多いため、はじめに検索をかけるのには勇気が必要だと思います。しかし、自分を客観視する癖がつき、一つでも多様な情報をさまざまなソースから手に入れて、自分の軸の育成に使うときに、インターネットはたいへん役立つのです。

1〜5の手段で手に入る情報は、かなり濃い情報で、手に入りやすい情報でもあります。ところが、ネット経由は薄い情報であり、ネットがない時代には、せいぜいうわさ話または陰口、あるいはクチコミとして消えてなくなってしまったものが、ネットという形で残るようになったのです。

私はトリンプという下着メーカーがPDAを活用してどのような情報を集めているかということを調べたことがあります。その時に感銘を受けたのが、売場の販売員が本部に送っている情報は、売上情報はもちろんなのですが、売上情報よりも欠品情報がメインだったのです。売上情報はPOSを通じて把握することが出来ます。ところが、お客様が○○のスタイルがほしいとか、○○のサイズが欲しいと言ったときに、それがない場合には機会損失になってしまいます。それは、POSデータをいくら見てもわからない情報です。

同じように、ネット検索の利点は、**「ファン以外の声を聞く」**ことに威力を発揮することだと思います。私たちは選択的認知と言って、どうしても、自分に耳触りのいい情報ばかり、聞こうとしてしまいます。同じように、ファンが私たちに直接何かの情報を伝えるときには、ネガティブな情報は控えがちになり、ポジティブな情報ばかり耳に入るようになります。

ところが、ネットを使うと、ポジティブなものも、ネガティブなものも、容赦なく入ってきます。そうすることで、既存の私たちの強みをすでに理解し、わかってくれる人だけの声に集中しすぎることで、逆に自分の強みを理解していない人や、関係性の薄い人たちの間で起きていることを見逃すリスクを防ぐのです。

私が例えば本を書くときに、自分のファンの意見ばかりに特化して自分やその作品を「評価」することは、大変危険なことです。なぜなら、ファンが自分に好意的な評価をするのは極めて当たり前だからです。しかも、ファンが求めるものはどんどんマニアックになってきますので、私が著書を出すと、勝間ファンという顧客層の中では受けるけれども、一般のニーズからはどんどん離れていき、気がついたら縮小均衡に陥ることになりかねません。しかも、そういったファンであっても、私が2回連続でファンの期待を裏切るような著書を出すと、離れていってしまいます。

したがって、

◎ファンの人が何を考えているか

を捕捉することは大事ですが、

◎ファン以外の人が何を考えているか

も常に同じくらいかそれ以上の労力を使いながら情報を集める必要があり、かつ、

◎以前ファンだったのに、現在ファンでなくなった人が何を考えているか
◎以前ファンでなかった人がファンになったのはなぜか

といったファンとファン以外の間の出入りにおける「変化値」を客観的に知ることで、自分に起きている変化についても気づくことが出来ます。

■「客観的評価」を失うことこそ、最も避けるべき状況

とにかく、私たちは弱い生物なので、少しうまくいってくると、それが運か実力なのか区別がつかないまま、自分の力を過信し、これでいいのではないか、と革新を止めてしまいがちです。しかも、周りからも、

「先生、先生」

あるいは、

「○○さん、○○さん」

と口々におだてられて、いつも上座に案内され、少しぐらい遅刻したり、不義理をしたりしても「あの人は忙しいから」ということで、注意をされなくなります。

そうすると、人間は必ず自分の客観的評価を見失います。ある意味、バカになります。そして、自分に対する絶対的かつ盲目的な過信が始まり、しかもそれが無意識に起こるものですから、

「自分はなんて優れているのだろう」
「優れている自分のことが分からないのは、相手がバカだからだ」

と考えてしまい、そのように行動してしまいます。このようなパターンは、例えば非常にうまくいったベンチャー企業の社長が、なぜか途中から暴走してしまったり、一時期はとても人気があったタレントがあまりにも傍若無人な言動を繰り返すので、少しでも人気がかげってきたときにはあっというまに干されたりなど、事例の枚挙にはいとまがありません。

基本的に、どのようなことでも、自分の考え方、行動から発した内部環境と、たまたま

その時の人的関係や経済状況、業務や年齢などの外部環境が相まって物事は進んでいきます。だからこそ、どんなに自分の得意技に自信があっても、その得意技はあくまで他人との関係で成果が発揮できるものなので、常に謙虚さを失わず、過信する可能性があるということを警戒しながら、なるべく多様な情報源からフィードバックを集め続け、その中から自分の形を判断することの繰り返しが必要になるのです。

■「フィードバック」からノイズを取り除きながら、光と影を知る

このようなさまざまなソースから自分の評価に対するフィードバックを収集したときに、その中には褒めことばも、けなしことばも含まれています。なぜなら、私たちを評価するときには、当然、

「光と影」

があるからです。その時に、褒めことばだけを集めて光の部分だけを見て、それで自己満

足に陥っていても、役に立ちません。褒めことばを受け取り、自分の自尊心を満たし、新しいチャレンジへの活力にするのはたいへん重要なことです。一方で、ネガティブなフィードバック、すなわち自分の影に当たる部分の指摘については、光と同様、冷静にアセスメントを行います。

もちろん、その「影」の部分はたんなる相手からの嫉妬かもしれませんが、本当に私たちに問題がある場合もあるからです。私は言動の責任を持つために、ネットを含めて出来る限り匿名のフィードバックは避けて記名式にした方がいいと考えているのですが、いずれにしても、多様な情報を集めて、その情報をふるいにかけるのです。

もちろん、注意しなければならないのは、「相手からの評価」が常に正しいとは限らないことです。世の中から、「悪意」がある人をすべて排除することはできませんし、相手に悪意がないにしても、こちらのことをよく知らずに適当なことを言う人ももちろんいます。さらには、妬みから足を引っ張る人や、こちらを傷つける意図でひどいことをする人もいます。

こういう正しくない情報を総じて、金融マーケットの世界では、

「ノイズ」

という表現をします。

金融マーケットでは本来、投資への参加者が「企業価値の将来予測」など具体的な正しい情報に基づいて、株を合理的に取引して株価が決まっていくと考えられています。ところが、実際のマーケットでは、こうした「企業価値」ではなく、短期的なもうけを狙った「投機」や、あるいは読めもしないチャートを読めたと勘違いして参加する素人チャーティストといったような「雑音」に基づく参加者がおり、こういった参加者を

「ノイズ・トレーダー」

と呼びます。

では、このノイズの存在がプロにとってやっかいかというと、ノイズ・トレーダーのような間違ったトレーダーがいるからこそ、正しい認識をしたトレーダーは利益を上げることができるのだと考えています。

同じように、さまざまな情報の中にノイズが入るからこそ、多くの人は自分達の評価を正しくできないでいます。そして、ノイズが入ることは金融マーケットの世界でも、私たちの評価でも、不可避です。

だからこそ、自己評価を行う際に、何がノイズで、何がノイズでないか、判断できる人はより、自分の軸を形成する際に優位に立てるのです。それが、ノイズに振り回されてしまうと、空気に流されたり、他人の偏った評価に影響されてしまいます。

たとえば、2008年秋のサブプライムショック以降の株の乱高下も、金融マーケットが「ノイズ・トレーダー」の渦に巻き込まれた結果です。

客観的に、これまでの株価の変動データや、本来の企業価値などを見たりすれば、こうした動きが「みんなが売るからますます売る」という「ノイズ」だということが見抜けるはずです。

マーケットの経験からすれば、このように株価が下がったときに売って、上がったときに買いたがる「ノイズ・トレーダー」は必ず損をします。

逆に、一人前のトレーダーであれば、こうした「ノイズ・トレーダー」による株価の変動に惑わされず、実際の企業価値とそれに基づいた株価を見抜くわけです。

「自分を知る」場合も同じように、「ノイズ」に惑わされずに、「自分の価値」を自分で見抜かなければなりません。それが出来るようになると、「コモディティ」から「スペシャリティ」に変われるきっかけになるのです。

■他者からの評価バイアスで注意すべきこと

また、ノイズと同じく、他者が私たちを評価するときには、一定のバイアスがかかります。特にその代表的なバイアスは

・相性のバイアス
・男女のバイアス

です。相性のバイアスとは、とても単純なもので、自分と似ている人、自分が好きな人、自分が理解しやすい人に対して、より高い評価をつけるものです。また、統計的にも、男性の場合は背が高いこと、女性の場合には容姿が優れていることが、同じ実力の場合には

より高い評価を受けやすいことがわかっています。

相性のバイアスに対し、男女のバイアスの方がより複雑です。男女のバイアスは相性のバイアスの変形でもあるのですが、『生物と無生物のあいだ』(講談社現代新書)を書かれた福岡伸一先生もお会いしたときに言っていましたが、男性と女性はやはり生物学的に見て、その成り立ちや考え方に差異があるそうです。第一、平均身長だって、体つきだって、違います。そして、残念ながら、同性同士の方が相手の評価がしやすいのです。自分と共有する部分が少ない相手には、どうしても評価が厳しくなります。

どうして日本ではなかなか女性が活躍できないかということが議論になりますが、女性を評価しているほとんどの上司が男性だから、というバイアスがあるでしょう。私はもう40歳になりますが、未だに年上の男性から明らかに女性向けの話し方をされたり、「和代さん」とあまり親しくない人からファーストネームで呼ばれたりして、まだまだ知らず知らずに先方が女性バイアスをかけて話しかけているのだと感じるときもしばしばです。

そして、よく女性の先輩たちが嘆くことですが、「男性は普通であればそれなりに出世できる。女性は優秀でないと出世できない」という結果が生まれるのです。

あるいは、男女バイアスが逆に働くケースがあります。その典型例が、20代の若い女性に対する評価です。企業の中での女性を観察していると、20代で活躍した女性が、30代、40代で伸び悩むということがしばしば見受けられます。もちろんそれは、男女バイアスのせいで正しいコーチングが受けられなかったためという側面もあるでしょう。

しかしそれよりも、20代の女性の活躍の源には、若い女性であるというメリットを生かして、男性にかわいがられた結果という面が強いと私は解釈しています。なぜなら、こういう20代の頃に活躍したけれども、その後伸び悩んだ人は、ほぼ例外なく、平均よりも上の容姿を持っている人に多いからです。すなわち、20代の頃はゲタを履かせた評価を受けていたのですが、そうやってかわいがられるうちに、本人が実力を過信してしまい、実力がつかないうちから、実力以上のことができてしまうという錯覚を持ってしまいます。

しかし、30代になり、容色が残念ながら衰えてきて、実力相当の評価か、あるいは女性バイアスによりそれより低い評価になると、とたんに活躍できなくなってしまう、という仕組みです。要は、20代の頃、「若くてかわいい」という「ノイズ」によって、「インフレ」を起こした評価が、本来の価値にまで戻ったということになるわけです。

さらに付け加えますと、少なくとも日本において、男性は、比較的、自分を「客観視」するトレーニングを受けています。なぜなら、生まれたときから男性は将来、競争社会に放り込まれるというのが前提なので、親の育て方においても、学校内のカリキュラムにおいても、社会で自分が存在できるポジションを確保して生き残るための教育を知らず知らずのうちに受けているのです。

『ビジネス・ゲーム——誰も教えてくれなかった女性の働き方』(光文社知恵の森文庫)という本の中で著者のベティ・ハラガンがいみじくも指摘をしていますが、男性はコミュニケーションのやり方や、スポーツチームのチーム構成など、全体状況を客観視して行動しないと、コミュニティから弾かれるように育ってきています。

一方、男性に比べて、女性のほうが比較的主観で生きていても許される風潮があるため、社会に出たときに「文化的なハンディキャップ」になりうるという指摘です。もちろん、こういった議論はあくまで男性、女性に分けたときの一般論であり、男女ともに、自分の評価が

◎実力どおりなのか、バブルなのか

ということを常に考えるクセは必須になります。

ただ、特に若い女性の場合でかつ、容姿に優れている人の場合には、自分と同じぐらい

の能力で、平均的な容姿の同僚と比べ、どの程度評価が「インフレ」しているのかを冷静に把握し、わざわざインフレを下げる必要はありませんが、将来それが剝落する前に実力に置き換えるよう、戦略的な努力をしていく必要があります。

したがって、他者からの評価についてバイアスを取り除く一つの方法として、絶対値に注目をするのではなく、同じ相手から得られるフィードバックの「変化値」に注目することでバイアスをある程度、取り除くことが出来ます。こちらに低い評価をつける傾向がある人でも、その人からの評価が低いながらも、なにかの形でよりいい方向に上がった部分があったとしたら、そこに着目するわけです。

■「不得意」なものは放っておく割り切りと強さが必要

そして、自分の軸を作るときに最も大事なことは、他者からのフィードバックを受ける際、多くの人からさんざん指摘がある、「欠点」「不得意分野」への対処方法です。

私のお薦めは非常にシンプルで

「ちょっとした努力で向上できる範囲においては改善を心がけるが、あまり時間を使わないようにする、あるいは意図的に放っておく」

ことです。例えば初対面の人とのコミュニケーション能力に難があると指摘された場合には、笑顔の練習をするとか、わかりやすいパターン練習をいくつか繰り返して最低限のレベルをクリアするくらいまでの努力は行いますが、初対面で相手の気持ちをガッチリつかんで放さない、なんてレベルに達するまで努力をすることはあえて避けるということです。

そして、こちらの不得意分野を指摘してくる人というのは、だいたいにおいてその分野が得意であって、私たちがなぜ苦手なのか、理解が出来ないのです。なので、ちょっとした努力で向上が可能だと勘違いをしており、お節介をしてくるわけです。しかし、複数の人から繰り返し指摘をされるような不得意分野は、ある意味、私たちにとってそこはとても追加コストに対する見返りが少ない

「近寄ってはいけない危険分野」

だと、逆に警戒するくらいに思えばいいのです。そして、間違っても、得意分野に投入すればいい時間を危険分野に投入して、そして結果が出ずにイライラする、ということをしてはいけません。

◎得意分野に時間、すなわち努力を配分する
◎不得意分野は「許容範囲のリスク」として諦める

という

「割り切り」

がまさしく、相手のアドバイスを「断る力」なのです。

■30代前半までに「軸」を持つのが理想

これまで説明してきた「自分の軸」は、

◎30代前半ぐらいまでに完成

させるのが理想です。

なぜなら、

◎「20代」＝「トライ・アンド・エラー（試行錯誤）」

の時期として位置づけ、さまざまなことを試しながら、自分のできること、できないことの境界線を知るための「材料」と「経験」を蓄える必要があるからです。

そして、20代後半くらいから徐々に自分の得意分野・不得意分野を意識し、不得意分野に関わることについては「断る力」を発揮しながら、自分の軸を完成していくのです。

ただ、この本を今読んでいる読者の方は、すでに30代後半以降の方も少なくないと思います。その場合でも、いつからでも遅いということはありません。ある意味、すでにその年の人たちは自分の軸ができあがっているのですが、その軸について明文化をしたことがなかったり、意識をしたことがなかったりするため、あえてこれが自分の軸です、ということを言えなかったのでしょう。

自分の軸が固まれば、

◎「30代後半〜40代後半」＝「仕事の完成期」

の10年間はこれまでの経験の蓄積と、自分が出来ることのバランスがとてもいい時期になります。企業内でも、主軸となって活躍する人材です。企業の外においても、ベンチャー企業をしっかりと伸ばした社長や、フリーランスで働く人たちの中でももっとも充実して活躍しているのはこの年代の人たちです。

そして、

◎「50代〜」＝「仕事をまとめ、後進を指導する」

という形で、40代の頃の働き方より少しトーンを抑え、自分自身が主役になるというよりは、プロデューサー側にまわって、より若い人を応援できるような形で、表舞台からはフェイド・アウトしていく段階を迎えるライフ・サイクルが理想だと私は考えています。

そして、つめたい言い方かもしれませんが、30代や40代にもなって、自分評価や「自分探し」をするのは正直、結構きついものがあります。

事実、転職市場でも、プロフェッショナルや管理職、企業経営者などの完成された人材を除き、発展途上の人材を採用する上限年齢は、

「**35歳**」

になっています。これは誰がそう決めたというわけではなく、企業側がこれまで人を採用してきたときに、経験則上決まってきたものです。もちろん例外はありますが、出来る限り35歳までに自分の軸を定めること、そして35歳を過ぎた場合には、すでに定まっているはずの軸をしっかりと明文化できるようにすることが、自分の責任権限範囲を決め、自分の進路を決める際に必要な「断る力」の育成方法になります。

■自分が自分の「コーチ」として実は最適な人材である

かつて一世を風靡した人気少女マンガ『エースをねらえ!』（山本鈴美香著）のように、ドジで間抜けな岡ひろみの才能を見抜いて、開花させてくれる「宗方コーチ」のような素敵な上司や先輩を待っている人は少なからずいると思います。しかし残念ながら、私たちに宗方コーチが登場し、素人同然の私たちの才能を磨き、世界レベルのプレーヤーに押し上げてくれることなどは、まずたいへん、たいへん低い確率でしか起こりえないことなのです。

したがって、私たちが覚悟すべきことは

◎私たち自身が自分の「コーチ」をする以外の選択肢は、実質的には存在しない

ということなのです。なぜなら、しょせん、

◎他人が私たちに言ってくれることは、ノイズ混じりで、適当で、無責任

だからです。これは、直属上司でも、親でも、親友でも、配偶者でもそうです。なぜなら、すべての人たちは、どんなに利他主義を唱えていたとしても、やはり、最終的に最大化したいのは自分への効用です。だからこそ、本人たちはいたってまじめに考えてアドバイスをしていたとしても、そこにはバイアスがかかっているのです。だからこそ、相手の言うことを鵜呑みにして、全面的に自分のコーチングの役割を相手に委ねてしまうことはたいへん、たいへん危険なのです。

ただし、他人からの指摘の中には、「ノイズ」に混じって、「的を射た指摘」があります。

大事なことは、

◎多様な場面において
◎多様な人から

意見を集めることで情報の精度を上げ、自分の軸を作り上げ、自分が進むべき道、やるべき方向性を見いだすことが可能になるということです。そして、自分の限界を客観的にさとるからこそ、「断る力」を発揮しなければ、自分自身がコモディティとして埋もれてしまうということに気づき、自分の得意分野への集中的な時間の配分がはじめて可能になるわけです。その流れを自分で作り上げることが、自分へのコーチングに他なりません。

■第2章のまとめ

第2章のポイントをまとめます。大事なことは、自分が得意とする分野を早々に見つけて、そこに自分の努力、すなわち時間を惜しみなく配分することです。そのために「断る力」を発揮します。ただ、自分が得意なことや不得意なことは、はじめは自分ではわかりにくいものなので、さまざまな情報源や評価を使って、自分でその軸を見抜き、組み立て、意識し、それを30代前半までに完成させることを意識していくのです。

以下、もう一度復習のためのポイントを掲げます。ぜひ、気になるポイントを必要に応じて読み返してみてください。

◎自分に対して責任をすべて持てるのは、自分一人だけ（144ページ）。
◎上手に「断るリスク」を取る具体的なコツを学ぶ（152ページ）。
◎自己評価に始まって、自己評価に終わる（165ページ）。
◎自分の得意・不得意が何か、明文化しよう（170ページ）。
◎「努力」の量はかけた時間で評価できる（171ページ）。
◎まずは身近な人の意見を聞く（179ページ）。
◎客観テストを使う（181ページ）。
◎職場の人事評価を利用する（184ページ）。

◎転職エージェントの力を借りる（186ページ）。
◎顧客や取引先の評価を活用する（190ページ）。
◎インターネットの評価を活用する（193ページ）。
◎「不得意」なものは放っておく割り切りと強さが必要（207ページ）。
◎「自分の軸」を持つのは30代前半までに（210ページ）。
◎自分の「コーチ」は「自分」しかいない（213ページ）。

第3章

ステップ

相手への建設的な影響力を発揮する

第2章で自分の軸が固まったら、第3章では、いかに自分の軸を中心に、相手にも、自分にも建設的な影響力を「断る力」によって発揮するか、ということが必要になってきます。

これまで、「断る力」をさまざまな形で表現してきましたが、「断る力」は自分を軸にして、周りの事象に流されずに、相手のためにも、自分のためにも最良の結果を出すためにどのようなコミュニケーションを行うか、という力になりうるわけです。したがって、自分勝手な「断る力」は長続きしません。自分も相手も生かす形での建設的な影響力をいかに生み出すかが鍵なのです。

■「空気」を読んだ上で無視できる力をつける

日本人は同調志向が強いという話を繰り返ししてきましたが、同調志向に関する名著で、山本七平さんの『「空気」の研究』(文春文庫)という本があります。この本は、もしまだこの本の読者で読んでいない方がいたら、必読の一冊です。私たちが日本に生まれ育ってきたときから感じている違和感を、よく表しています。

ちょうど、この原稿を書いている2009年新春の頃、NHKの討論番組に出席しました。これまでも何回かテレビの討論番組に出席して感じたことですが、日本人、あるいは日本のメディアは、実にわかりやすい対立構造が好きだということです。今回の討論番組も「市場原理主義」ということばを使って、構造改革は善か悪か、小泉・竹中・ブッシュ改革の善悪を問う、といったような構成でした。

しかも、その構造に対して、私以外の6人の論客をわざわざ3人ずつ、左右に分けて座らせて、対立構造をわかりやすく表現します。その上で、どちらが正しいのか、ディベートをするわけです。私は残念ながら、「中間派」とよばれるようなポジションだったのです。なぜなら、片方だけが正しくて、片方が悪いということはないからです。

ところが、「空気」という考え方は、山本さんの表現を借りると下記のように表現されます。

一体、以上に記した「空気」とは何であろうか。それは非常に強固でほぼ絶対的な支配力をもつ「判断の基準」であり、それに抵抗する者を異端として、「抗空気罪」で社会的に葬るほどの力をもつ超能力であることは明らかである。
（中略）
一方を善、一方を悪、と規定すれば、その規定によって自己が拘束され、身動きできなくなる。さらに、マスコミ等でこの規定を拡大して全員を拘束すれば、それは、支配と同じ結果になる。すなわち完全なる空気の支配になってしまうのである。

そうです。判断の基準として私たちに押しつけられたものであり、まさしく前述の、線の長さを間違って答えさせるアッシュのサクラによる実験がそのまま、世間での空気になってしまったような状態です。しかも、こういった同調傾向は、成長がなくなった世界でパイを分け合うようなときに強化される傾向があります。

その証拠の一つとして、最近、しきりに「KY（「空気」が読めない）」という表現が使われます。「あいつKYだから」と言って、相手をおとしめるのに使うわけです。しかも、小学生や中学生のうちから空気を読み、そのグループの「絶対的判断基準」に従うことが求められるのです。したがって、特に自分の軸が出来ていない学生の頃に

「『空気』が読めない」

とグループから糾弾されるのは、ある意味、致命傷にもなり得るわけです。とはいえ、第1章で説明してきたとおり、自分の軸が出来るにしたがって、いくら暴力的な空気でも、それが間違っていると判断できれば、その空気に逆らうようになる力をもつことができます。

すなわち、

「『空気』を読んだ上で、その空気とは違うことをあえて言い切る勇気を持つ」

という戦略を使えるようになるまで、自分の力をつけることを目標にするのです。その時に、真っ向から空気に逆らってもいいですし、場合によっては、「空気」を読みながら、「そちらの方向に話を持っていきたくない」と思ったら、

◎意図的に「空気が読めない」ふりをして話を切り換える

というのも、立派なテクニックになります。

例えば、私は30代半ばで証券会社のアナリストになり、さまざまなメディアから企業や株式の評価について、定期的にコメントを求められる立場になりました。その時に会社から「メディア・トレーニング」というものを受けます。これは、証券アナリストや、企業の広報・宣伝部門、あるいはトップマネジメントなど、自分達の意見が公開される立場になる人たちに行われるものです。

私がこのメディア・トレーニングで習って、一番衝撃を受けたことは何かというと

「メディアに聞かれたことを、実直に答えるだけではいけない」

ということでした。

では、何が肝要かというと、

・いかに自分が事前に言いたいことをしっかり準備をしておいて
・その上で、質問をされたときに自分が言いたいことを言えるチャンスがあったら、果敢に持論を展開するか

なのです。すなわち、

「メディアに聞かれたことを答えるだけでなく、話を絡ませて、自分が言いたい方向に持っていく」

というテクニックになります。なぜなら、メディアがこちらに投げかける質問は必ずしも互いのコミュニケーションを行う際にベストな質問とは限らないからです。場合によっては、意地悪な質問があったり、先方が得たい回答に対しての誘導質問もあったりするおそれがあります。そこを、さりげなく質問に対して取捨選択を行い、こちらが説明したいことをしっかりと説明することが、「断る力」をもったコミュニケーションになります。

こういったメディアへの対応は、通常のコミュニケーションでも、もちろん応用可能で

す。大事なことは、相手から投げかけてきた質問、世界観という狭いところにとどまって、その中での反応をするのではなく、こちらと相手の世界観を互いにぶつけ合いながら、どのようなコミュニケーションをとれば、

◎私たちがコミュニケーションを通じて成果を出せるか
◎双方に建設的な話の結論をいかに共有できるか

ということになります。また、大事なことは、こちらの主張についても、単なる主観だけで話すのではなく、相手の主張に反論したり、新データを説明したりする場合には、客観的でできれば定量的なデータで、相手が理解している解釈や価値観に対して、ほかの見方もあるということを納得できるだけの材料を提供することです。さもないと、私はこう思う、こちらはこう思う、といったような水掛け論に終始してしまう可能性があります。

だからこそ、自分の軸が重要なのです。

■「影響の輪」を常に意識しよう

また、相手への影響の仕組みについて、より深く理解をしたいときにはぜひ、

スティーブン・R・コヴィー、ジェームス・スキナー、川西茂訳『７つの習慣――成功には原則があった！』（キングベアー出版）

を読んでみてください。私が『７つの習慣』を読んで、一番衝撃を受け、今でも常に意識をして活用しているフレームワークは「**影響の輪**」という考え方です。これは具体的には下記のような形で示せるのですが、自分が関心を示している空間において、どれだけ自分が影響を与えられるのか、あるいは他者にコントロールされてしまうことに関心を持ってしまってストレスをためてしまうのか、比較をしているものです。

すなわち、主体的に生きている人は、自分の関心をなるべく、自分が影響力を及ぼせるところに集中し、反応的な人は自分がコントロールできないこと、例えば他人の欠点や周

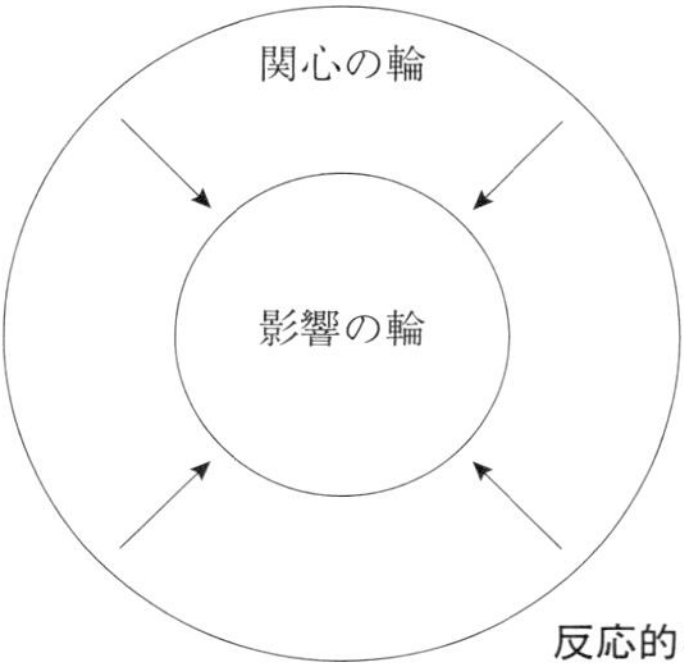

反応的な生き方

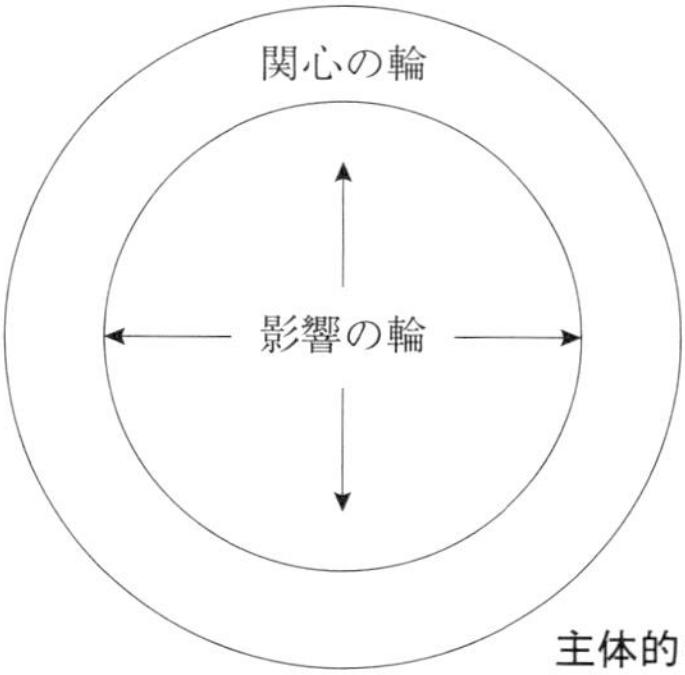

主体的な生き方

りの目、言動などを注視してしまい、その反応が自分の意図にそぐわないということでますますストレスをためてしまうという生き方です。

私たちがストレスを上手にコントロールしながら生きるためには、私たち自身が自分が行うことに効力感を持つ必要があります。すなわち、自分の努力が成果として現れて、それでしかも周りが感謝をする、自分の自尊心も満たされる、という好循環が必要なのです。ところが、他者評価に自分達の成果を委ねてしまうと、関心の輪はあるのに影響の輪がそれよりも小さいことで、無力感につながってしまい、努力をする力を失ってしまいがちです。

だからこそ、私たちは関心の輪についてはまず、自分が影響力を与えやすいところに注力することが必要です。加えて、私たちの影響を先ほど説明したメディア・トレーニングなどの手法を使って、上手に発揮することが必要なのです。

すなわち大事なことは「**主体性を持つ**」、言い換えれば「断る力を持つ」ということなのです。主体性を持つためには、相手のことも、自分のこともしっかりと理解をしていなければなりません。そして、互いの考え方を総合した上で、

「それなら、こうしようじゃないか」

という創造的な提案をすることで、はじめて主体性が発揮できるのです。しかも、この主体的な行動ですが、食わず嫌いと同じで、意外と「やったことがないから怖くて出来ない」と思っている人が多いのです。実際には、自分の考え方を思い出してもわかりますが、

相手が建設的でわかりやすい提案をしたときに、むげに断ることはまずありません。逆に、こちらが考えてもいなかった分野にアイデアが及ぶと、それはとてもありがたいことで、すぐに賛成する気持ちになります。

相手がよほど寛容性が低い人でない限り、

◎相手にとっても、言いたいことを主張した方がありがたいことも多い

のです。

また、例えば私たちが顧客や友人などつき合う相手を選ぶときに、「相手を積極的に選ぶ」という考え方があります。なぜなら、顧客候補となる人も、この先、一生の友人としてつき合う相手も、じつはものすごい人数が候補としているのです。その中で、これまで説明してきた建設的なコミュニケーションがどうしても肌に合わない人がいます。また消極的な反応しかできない人もいます。そういう人たちと無理につき合うと、関心の輪があるのに、私たちの影響の輪がうまく発揮できず、互いにストレスをため続けることになります。だからこそ、相性があるという説明をしてきたのですが、影響の輪も万能ではないので、どこまでは努力をして、どこでその努力を止めるかという見極めも実は「断る力」の一部なのです。

なお、影響を発揮する方法については、『7つの習慣』以外でも、下記の二つが古典的名著ですので、まだ読んだことがない方はぜひ、目を通してみてください。

・ロバート・B・チャルディーニ、社会行動研究会訳『影響力の武器［第二版］』創元社

・デール カーネギー、山口博訳『人を動かす　新装版』誠信書房

どうやったら影響力を発揮できるかということを理解することは、私たちの一生の友だちになり、欠かせない力になります。

■上司は思いつきでものを言う

作家、エッセイストとして著名な橋本治さんの著作で、『上司は思いつきでものを言う』(集英社新書) という本があります。この本の中で橋本さんが繰り返し説明しているのは

まさしく、

◎上司は思いつきでものを言う

ということで、これは至言だと思います。実はこれ、私も自分が部下としても、あるいは上司だった時代も実感があります。なぜなら、上司はその仕事に私たち部下ほど真剣に時間を使っているわけではないことが多いので、何を指示していいのか、わからないこともしばしばです。しかし、部下は目の前で、何か反応が欲しい、とわくわくして待ち構えています。

そうすると何が起こるかというと、とりあえず、その場でわかりやすい指示や、どうでもいい指示、重箱の隅をつつくような指示を出してしまうのです。特に私はＩＴや金融が専門だったのでその分野のプロジェクトに関しては比較的的確な指示を上司として出していた自覚があるのですが、それがちょっとずれて、教育や建設などの分野に及んだ瞬間、自分でも「はにゅにゃ」な指示を出していると思いつつも、自分が上司であるというメンツを保つため、指示を出さざるを得ないのです。これは上司にとっても、部下にとっても、実に不幸なことです。

すなわち、上司が相対的に無能なときは、

◎あまり深く考えず、あるいは考えられずに指示を出している

可能性がたいへん高いのです。そして、こうした事態はいつでも、どこでも起きています。ある意味、企業の多くはそのような無能上司で埋められているかもしれません。余談ですが、なぜ上司の多くが無能になるかということについてはぜひ、

・ローレンス・J・ピーター、レイモンド・ハル、渡辺伸也訳『ピーターの法則』ダイヤモンド社

を読んでみてください。この本のエッセンスは非常にシンプルで、要は、私たちは無能レベルに達するまで出世を続けるので、組織において多くの人は無能レベルに達して出世が止まった人たちである。したがって、上司の大半は無能であり、組織はまだ無能レベルに

達していない出世途中の人たちによってのみ、運営されているという考え方です。

もちろんその考え方が100パーセント真実とは思いませんが、確かに一理あると思います。少なくとも、この本を読んでいる人で無能な上司に悩まされた経験がゼロという人はほとんどいないと思いますから。

また、このような無能上司について、最悪なのは、社長が無能上司であるケースです。私もコンサルタントとしてさまざまなビジネスの現場を見てきましたが、このような無能社長がトップにいる場合には、

「これは役に立つ」

「これはこうした方がいい」


などとんちんかんな指示が出て、後はその真意を誰も理解しないまま、確認しないまま、グルグルとその命令だけが「伝言ゲーム」のように広がって、社内にたいへんな混乱と無駄な作業が強いられているケースが少なくありません。ある意味、日本も今、首相が無能だとしたら、そういう状態なのかもしれません。

いずれにしても、メディアからの質問にはあまり深く考えていなくて適当なものが含まれているのと同様に、上司や会社といったような、自分の目上からの発言であっても、その趣旨や真意もかなりあいまいで適当なことが含まれていることが多いということを覚悟すべきでしょう。

逆に、そういうものだと理解できると、こちらの対応の仕方も変わってきます。私たちはそのあいまいさをそのまま許容することなく、しっかりと相手の真意を確認するか、あるいはその指示を契機として、自分が実現したいこと、やりたいことに向けて時間や資金を確保できるように、その指示を活用することも可能になるのです。

一番避けたい事態は、内心では相手の指示に疑問を抱きながらも、「上司の命令だから」と唯々諾々としたがって、残業までして骨を折ったにもかかわらず、それがムダになり、しかも後になって上司から、

「こんなつもりで言ったのではなかったのに」

と注意をされ、上司に対する恨みが募るということです。とにかく、相手が言うことは原

則として適当であり、あいまいである、ということだけでも理解をしておくと、その後の私たちのすべき動き方は大きく変わるわけです。

■相手への影響とは、相手の力をうまく引き出し、「協力関係」を築くことである

また、相手へ影響を与えるというと、上から目線と勘違いされそうですが、影響力を築くということは相手のいいところ、自分のいいところを融合して、より高度なコミュニケーションを心がけるということになります。すなわち、主体性をもつということは、

◎相手と「協力関係」を築く

ということなのです。

例えば、先ほどから説明してきたとおり、上司の指示は思いつきだったり、苦し紛れだったりします。しかし、上司は上司ですから、それまで少なくとも私たちよりはさまざま

な経験があり、人脈も豊富です。したがって、その上司の指示をきっかけに、その真意を確認してより深い指示を引き出したり、あるいはこちらからカウンターとなる対案を示して、相手のデータベースに眠っているであろう考え方を引き出したりすることで、「思いつき」を「的確な指示」に変化させることも可能になるわけです。

大事なことは、コミュニケーションをしている相手と自分が

◎何を目指しているのか

という「目標」を明確化してもらうのです。

そうした、ターゲット・セッティングを両者で明らかにした上であれば、

「AよりもBというやり方のほうが、目標達成のためにいいのではないでしょうか」

というような提案も行えるようになります。ただし、適切な提案を行うためには、頭の中にさまざまな形で、代替案を提案する力と、その元になる知識・知恵の引き出しがなければ

ばいけません。「断る力」を身につけるためには、常に建設的な流れに話を持って行けるだけの知識と知恵を蓄える必要があるのです。また繰り返しになりますが、私たちがすべての分野にそのような豊富な知識・知恵を蓄え続けるのは不可能です。だからこそ、自分の得意分野になるべく多くの時間が使えるよう、環境をコントロールしていく必要があります。

すなわち、

◎自分の○○という得意分野が、Bという目標達成の手段として活用できる

◎その得意分野を活かすことのほうが、当初のAという命令よりも目標達成の可能性が高い

◎したがって、自分の得意分野を活かすことが、すなわち、相手にとってもメリットが高い

ということを、相手にも即座に納得できる形で示すことが必要なのです。だからこそ、第2章で強調して、さまざまなテクニックを紹介してきた

◎自分を客観的に評価し、「得意／不得意」を見極める

ことが重要になるのです。そして、その力は日々の周囲とのやり取りの中で、より高度なものに醸成されていくことになります。

■「交渉力」はクセである

相手に断る力を発揮するということは、「交渉力」と言い換えることも出来ます。すなわち、すべてのものごとにおいて、相手の問題設定と自分の問題設定のすりあわせを行い、より高度な提案を行っていくという思考のクセです。

ただ残念ながら、「交渉力をつける」というと、日本人の多くにとって高度なことだと思われがちです。例えば、日本では買い物一つするにも、すべてきっちりとした値札がついていて、交渉力を発揮する必要はほとんどありません。また、チップの習慣がないため、相手のサービスの度合いに応じて価格設定を変えるということも行いません。すべては与

えられた範囲でその枠組みを着々とこなすことが効率的であり、空気が読める重宝される人間として扱われてしまうのです。

しかし、「交渉力をつける」ことは、実際には大して高度なことではなく、せいぜい

「思考のクセ（習慣）」

くらいに思っていた方がいいのです。

このクセをつけるのに必要なことはたった一つです。上司であっても、親兄弟や友人であっても、相手がだしてきた要求や条件に対して、何でも即座に「ハイ」と返答するのではなく、まずはいったん

「よりよい方法はないか」

と一歩進んで考えるクセをつける、これだけです。

もっとも、日本で普通に暮らしていると、

「何も考えずに、言われたことには唯々諾々と従う」という「クセ」

が知らず知らずの間に(その多くは幼少期からの学校や家庭での教育によって)、身についてしまっているのです。

この唯々諾々と従うクセについては、いい面も悪い面もあります。例えば、神戸の震災の時に緊急避難をしていた住民がすごく統制が取れていて、集団生活を行っていたことについて海外の視察団は驚愕したそうです。通常はああいう場面では、意見が対立してなかなかまとまらず、暴動すら起こりがちだからです。一定の命令系統が確立されていれば、それに反感なく従うというのが日本人の特徴です。

他方、自分で考えるということについては、たいへん面倒がる人種でもあります。たとえば「チップ」ひとつにしても、外国人はだいたい10から15パーセントぐらいが標準で、おいしかったら20から25パーセント、まずかったら気持ち5パーセントぐらいにしておくといった相手へのフィードバックを繰り返しますが、日本人は、

「チップの額を決めてほしい」
「サービス料に統一してほしい」

ということを求めてしまいがちです。ある意味、思考をサボることに長けていると言えば長けているのです。だからこそ、自分達の社会を作るときにも「市民」という考え方が非常に希薄で、社会の枠組みは政治家と官僚という「お上」が与えてくれたもので、それに対して、文句を言うというのが大きな構図であり、では文句を言うから対案を出すかというと、決して出さないというのも大きな特徴です。

つまり、私たち日本人は、与えられた枠組みの中で最大の価値を出すという訓練は高いレベルで受けているのですが、与えられた枠組み自体を問い直す「クセ」が残念ながら、社会文化的な資産としてはついていないのです。

そういった環境で、ぼうっとしているうちに、日本人は「思考停止」になってしまいます。また、思考停止を望む私たちにとって、いわゆる終身雇用・年功序列賃金というのはたいへん文化的な背景にフィットしたものだったため、ここまで強く普及したわけです。

しかし残念ながら、もうグローバリゼーションの方向性には逆らえず、すべての環境変化が日本ペースではなく世界ペースで起きてしまっているため、私たちもそれに対応した生き方、すなわち、「断る力」や「交渉力」を1人1人が発揮しないと、自分達が結局は幸福になれない時代になってしまったと言うことも出来ます。

では、どうやって交渉力をつけるクセをつければいいのでしょうか。これはとても簡単で、身近なところで出来るところから少しずつ、行っていけばいいのです。

例えば、2人で飲茶《ヤムチャ》を食べに行ったとしましょう。飲茶のメニューを見ると、シュウマイなりギョウザなりが、どのメニューも蒸籠《せいろ》に3つずつ入っています。こうした場合、お店に

「2個ずつにできますか」

といったことをさらっと聞くことはできます。もちろん、断られることもあるでしょうが、断られてもこちらが損をすることはまったくないのです。なぜなら、聞かなければ必ず3個ずつ出てくるからです。

あるいは、同じ飲茶の店で、案内されたテーブルで食事をしようとしたところ、隣のグループが騒々しくてかなわない、なんていうこともあります。こういうときにもさらっと、

「席をあちらに変えたいのですが」

と言えばいいのです。もし変えられないと言われたときには、理由を聞くか、こちらが席を変えたい理由を説明して、再度交渉をし直します。そして、このような交渉ごとに対してまったく受け入れ余地のない店であれば、飲茶の店はたくさんありますから、よほどこのお店の飲茶に未練がない限り、このお店は再訪問しなければ、それでいいのです。

お店も、出来る限り顧客満足度を上げて、リピーターを作ることが商売の王道です。したがって、こちらのリクエストに誠心誠意対応してくれようとする店は、信用が出来ます。逆に、対応をしないお店はほかの人を連れて行ってもまた不都合が起きる可能性が高いわけですから、交渉ごとが受け入れられるかどうかは、そのお店の仕組みや考え方を知る、とてもいいリトマス試験紙になります。

ただし、あまりにも無理難題ばかりを突きつけては、それは自分勝手な振る舞いです。例えば、お寿司屋さんで「さび抜き」を頼むのは許容範囲ですが、マクドナルドのようなオペレーションがかなりきっちり決められたフランチャイズのお店で、例えばメニューにないものを注文しようとしたり、「ハンバーガーのパテから玉ねぎを抜いて欲しい」というのは、無理な注文になります。

すなわち、相手に対して何かの交渉を行う際には

◎あなたの利害だけを考えるのではなく、相手の利害も考える

という「クセ」をつけることが重要になります。なぜなら、相手にも交渉の裁量権がある場合とない場合があるからです。

さきほどの飲茶レストランの例で言えば、２つに減らしてでも、売れないよりは売れたほうがいいわけなので、応じてくれるかもしれないのです。あるいは、３つごとにすべての素材が用意されていて、売り逃しによる損失よりは、そのオペレーションをかえる方のコストが高い場合には、断られる可能性もあります。

まとめますと、

「私たちがしたいこと」

×

「相手がそれによって利益を得ること」

をすり合わせる、

「インセンティブの調整」

を行うのが、交渉のプロセスです。例えば、飲茶の個数の調整を頼んだときに、1000円の時給で働いているアルバイトの大学生にとっては、メニューを調整することに「インセンティブ」が働かないので、すぐに断るかもしれません。

しかし、交渉相手がお店のオーナーであれば、売上が増えるという「インセンティブ」のために喜んでやるかもしれないのです。したがって、一度店のお姉さんに難しいですと断られた場合でも、あきらめずに

「念のため、上の方に出来るかどうか、確認してきていただけませんか？　私たちも是非、いろいろな種類を食べてみたいので。値段は割高になっても構いません」

という形で、交渉相手を代えた上、こちらの真意を伝えると、よりいい方向に動くかもし

れません。そして、こちらに対して配慮をしてくれた場合は、その感謝を何回も相手に伝えて、周りにもクチコミでいいお店だった、と説明するのがこちらの礼儀であり、相手への見返りになります。

このような繰り返しで

「ウィン・ウィン」（Win‐Win。両得の関係）

の関係を築いていくわけです。

■相手を尊重するからこそ、「断る」

もっとも、実際に上下関係がある職場などでは、お店のような一見《いちげん》の関係と違って、粘り強い交渉力の発揮をするにはより大きな勇気が必要になるかもしれません。しかし、一見のお店と違い、自分の長い時間を過ごす職場こそに、より強い交渉力を発揮すべきなのです。家庭ももちろん同じで、交渉というとつめたく聞こえるかもしれませんが、相手を

尊重するために断る、というプロセスだということを理解して欲しいのです。したがって、断る場合には

・「なぜ提案を一度は断るのか、ということについてのしっかりした説明、位置づけ」

を注意深く行った上で、

・「こうしたほうがよりお互いにとってもプラスになります」

という代替案を提示をする、その繰り返しです。逆に言うと、こちらがその理由をしっかり説明できなかったり、代替案を提示できなかったりするときには、ある意味、私たちは相手の言うことに対して断る権利がないと解釈すべきです。

大事なことは何かというと

◎「断る」≠「相手の否定」

ということを、誠心誠意を込めて、相手に納得してもらうことです。したがって、提案を引き受けるときにはさらっとでいいのですが、断るときにこそ、引き受けるときに比べて3倍以上のエネルギーが必要になります。もっともだからこそ、多くの人は面倒になって断ることを止めてしまうのですが、一度交渉をするクセ、代替案を作って断るクセをつけると、どうしたら相手にも自分にもベストの状況を生み出せるのか、真剣に考えるクセがつくようになります。

つまり、「断る」ということは別に相手を否定しているのではなく、

◎相手の提案や考えを尊重した上で、より高次な提案を行う

ことが前提です。

そのためには、

◎別の見方や考え方、相手が知らない知識ややり方を提供する

ことによって、相手も私たちと話をすることで、より新しい視点が手に入り、なるほど、それは気づかなかった、是非それをやってみよう、と事前の提案よりも、事後の提案の方が満足度が高くなるくらいのものでないといけないのです。

また、単に断って対案がない場合であっても、こういう範囲であればこれからも関係性があり得るからということを納得してもらえれば、将来につながる関係性を相手と築くことが可能になるわけです。

これまで、「断る力」については

◎主体性をもつ
◎リスクを取る

といった、自分を主体にした重要性について説明してきましたが、それに加えて

◎相手を尊重する
◎相手と自分の能力を融合して、より高次の解を出す

という相手のことを考えた発想が、「断る力」の根底にある思想なのです。

■「思考のクセ」を変えるには、手法を知り、行動を繰り返すしかない

それでは、どうやって相手の言うことを鵜呑みにせず、唯々諾々と従わずに、断る力を発揮できるように変化をしていけばいいのでしょうか。それを「クセの問題だから」「習慣の問題だから」と言われてしまうと、では、どうすればいいのか、と悩んでしまう人が多いはずです。

しかし、何かを変えようと思った場合、やりたいと思ったことと、今の自分とにギャップがある、ということに気づくのが最初のステップになります。私も、20代のうちは特に、上司から口を酸っぱくして

・専門分野を作れ
・こちらが言っていることをすべて鵜呑みにするな
・指示については絞り込むこと、断ることも覚えろ

と繰り返し繰り返し言われても、概念としては理解が出来ましたが、本当に切羽詰まったものとして、自分がやらなければならないこととまでは理解が至りませんでした。

ところが、本当にそれが変わることが出来たのは、実際に専門分野を作り断る力を発揮しながら、着々と業績を築いていく先輩たちの言動を、何年も間近で見ることによってまずは言われていることの重要性を理解し、次に、やらなければならないことのロールモデルを見つけることが出来たからです。

なぜなら、そういう先輩たちを見ていて、ある意味、傲慢な言い方になるかもしれませんが、「地頭《じあたま》」であるとか、「労働時間の長さ」については、後輩である自分と大きな差異を見いだせなかったのです。しかし、業績は確実に、比べものにならないくらい違います。そこに何か秘密があると考え、観察し続けてわかったことは、戦略性を持って行動するための「断る力」に尽きることが納得できたのです。

したがって、まずは自覚をすることが第一歩ですが、自覚をした後、一番簡単な手法の習得のしかたは

◎私たちが身に付けたい「クセ」をすでに持っている人のマネをする

ということなのです。身の回りに断る力を兼ね備えている人が1人もいない、ということはないと思いますし、自分と比べて相対的にある人はたくさんいると思います。そういう人たちから、いいとこ取りをするのです。あるいは、身近にそういう人がいない場合には、講演やセミナーに出席してもいいですし、さまざまなメディアに載っているドキュメンタリーやインタビュー記事、対談などから、結果を出している人たちが、いかに自分の軸を作り、何について絞り込み、他者との関係でいかに業績を築いてきたか、認知して、学ぶことができます。ある意味、これまで「断る力」ということを機軸に自伝やドキュメンタリーを見たことがなかった人が多かったと思います。しかし、業績を残してきた人たちが、どのような意思決定を繰り返すことで上り詰めることが出来たのか、個別具体的なエピソードを知れば知るほど、私たちが真似が出来る分野が広がっていくのです。

そう、目標にする人は一人でも、二人でもいいのです。そういった人のマネをすることで、「断る」とはどういうことなのか、「皮膚感覚」をつかんでいくのです。

とはいえ、気をつけなければならないことがあります。クセ、すなわち日常の習慣づけは、

主に環境によって大きく決定される

ということです。ある意味、私が断る力の威力に気づいたのは、その力を大きく発揮している人たちに囲まれ、あるいは発揮をしないと生き残っていけない競争環境であったが故に、大きく感化をされた部分が強いのです。また、しつこいようですが、これまで暮らしてきた家庭や学校におけるクセも、私たちの習慣を解き放つときに障害になりかねません。

例えば、企業によっては「イエスマン」を好むオーナーがいます。そうすると、知らず知らずのうちにイエスマンばかり集まる会社となり、その中で断る力を発揮するのは、不可能ではありませんが、かなりの難易度になります。したがって場合によっては

自分の過ごしている環境そのものを見直す

ということを視野にいれてもいいと思います。それがすなわち、転職であったり、生まれ育った家庭からの独立であったり、場合によっては離婚であったりするわけです。

また、ロールモデルが不在の場合にロールモデルを探し、具体的な手法を得るためにお薦めできるのは

◎自己啓発本を読んで、ピンと来た手法を愚直に実行する

ことです。この場合も大事なことは

「自己啓発本を読むだけのマニア」にはならない

ことです。自己啓発書は古今東西、ほぼ同じことが書かれていると言われています。実際、

この本に書いてあることも、個別具体的な手法やエピソードは除いても、自己啓発書マニアにとっては新しいことではないかもしれません。

しかし大事なことは、さまざまな角度から動機付けをされることで、何かの形で行動へのトリガーが入り、実際に自分が変わり、実行に移すことが出来るということなのです。

読んだら、必ず、何か一つでもいいから、実行してみましょう

日常生活の中で、人との交渉場面、ものごとを頼まれること、こちらから主体性を発揮して提案をすること、さまざまな事象が想像できると思います。その時に、これまでだったら受け身として流してしまったことを、一歩、二歩でいいから、進んで新しいことをやってみるのです。

■「断る力」の発揮を「ロー・リスク」な場所から始めてみよう

ここまでくると、きっとこれを読んでいるみなさんは、何か「断る力」をどこかで実践したくて、試したくて、うずうずしてきたはずです。そうなってくれば、あとは実践のみです。まずはいつも、相手から何か言われた時に、

「ちょっと待てよ。このまま話を鵜呑みにしていいのか。断るべきなのかどうか。対案はないのか」

と立ち止まる「クセ」をつけることとです。そしてそこから、「断ること」がスタートします。ただ、これまで泳ぎができなかった人が、いきなり座学で水泳を習っただけで、大海原の遠泳に救命器具もつけずに出ていくのは、たいへん危険です。したがって、まずは足の着くプールで、補助器具をつけながら、断る力の実践をはじめてみましょう。すなわち、

◎ロー・リスクの場から実践を始める

ということになります。

「断る」＝「リスクを取る」

ということはこれまで何回も説明をしてきています。リスクとは、上方に行くこともあるが、下方に行くこともあるという変動幅のことを意味します。したがって、「断るリスク」にも当然、うまくいったらいいリターンが来るけれども、失敗したときには大きな損失を被るような高いリスクのものと、うまくいってもたいしたリターンにならないけれども、失敗してもたいしたことがない低いリスクのものがあります。

したがって、初めのうちは、「ここでケンカをしたら、この投資先はなくなってしまう」といったような、主に会社に多大な金銭的損害を与えかねないようなアライアンスの交渉の場などの「ハイ・リスク」な場面は避けることが無難です。まずは信頼関係がしっかりしていて、多少の誤解が最初生じたとしても、すぐに仲が修復できるぐらいの相手、例えば親友を相手にして、少しずつ断ってみることから始めてはどうでしょうか。

親友から積極的に「ここがおいしいんだよ」と食事に誘われたときに、そして、そのお店が実は好みではなく、あまり気乗りのしないものであった場合には、いやいやながらOKをだしたり、いきなり「そこはまずい」といって相手のメンツを潰すのではなく、

「そこもいいんだけれども、実は最近行ったばかりだから、もしよかったら、○○料理でとっておきの店があって、最近取引先から紹介されたんだけれども、そこはどう？　接待にも使えるよ」

と言えば、角が立たずに、相手との「インセンティブの調整」も図ることができます。

これはあくまで一例ですが、まずは下記のような順番で、少しずつ、「クセ」や場面に応じた受け答え、相手の反応や機微などを見ながら推し進めていくことをお薦めします。

低　身近な友人・家族　←　同僚　←　モノ分かりのいい上司　←

頭の固い上司

高　重要な取引先 ←

例えば、好業績を上げているセールスパーソンの交渉術はある意味、名人芸です。私たちがいきなりそのセールスパーソンと同じような真似が出来るわけではありませんが、一つ一つ出来るところから真似をしてみて、上手な交渉術をクセにすることを考えていきたいと思います。

友人でＣｈａｂｏ！にも参加してくださっている和田裕美さんは、もともと腕利きのセールスで、さまざまな交渉術においても、名人芸をたくさん持っています。ご自身のサイトでさまざまなコーチングのＤＶＤなども販売していますので、興味がある方は訪れてみてください。

和田裕美さんが経営する株式会社ペリエのサイト
http://www.perie-net.co.jp/index.html

また、その入門編としてお薦めなのが、和田裕美さんの著書の一冊である**『人づきあいのレッスン——自分と相手を受け入れる方法』ダイヤモンド社**です。この本は、和田裕美さんがこれまでの経験に基づいて成功してきた方法を、さまざまな形で網羅しています。例えば、

・苦手な人にはあだ名をつけて楽しむ
・相手に「変わってほしい」ときの伝え方
・カチンときたら「ちょっとトイレ」
・相手があなたに優しくなる断り方
・わがままを言うときは身体を微妙に揺らす

など、もう、実践的なテクニックが満載です。ちなみに、私が大好きなのは、

・わがままを言うときは身体を微妙に揺らす

ですが、これ、ご本人に聞くともちろん根拠があって、私たちがわがままを言おうとするときには無用な緊張が走るため、どうしても体がこわばり、言い方も強くなりがちなので、これを、体を揺らして緊張をゆるめることで、気持ちもゆるめて、より相手のことを気遣ったソフトな言い方に変化が出来ると言います。「断る力」を発揮するためには、実はそのような小さなスキル、ノウハウ、技術の積み重ねが功を奏するのです。

■「断る」成功体験で、自分に自信ができる

そして、このように交渉をして、「断る」ようなことを日常生活でトレーニングとして重ねるうちに、

「人に嫌われるリスクをとること」を恐れなくなっている自分

に気づくことになるでしょう。もちろん、不要な嫌われ方は避けるべきですが、自分の軸をしっかりもって断ることを繰り返すと、一定確率でどうしても「嫌われる」ということが不可避で起きてしまうのです。しかし、そのようなリスクを取ってでも、より大きなリターンが生まれることが増えてきます。また、こちらを嫌った相手に対しても、「今は互いの関係性が離れた方がいいというサインかもしれない」ということで冷静に受け止めることができます。

これは「断るクセ」を積み重ねることで、「断る」ことにより、相手も自分もより高い満足度を得られるような「成功体験」を積み重ねてきたことによって、いい意味で、

◎自分を好きになる、自己確信を高める

という形で「自信」が芽生え、自尊心が高まってきます。そのことで、自分の軸も強固になっていきます。そして、自分を信じることができ、自己確信が高まるほど、他人からの評価、特にノイズとしての評価が気にならなくなります。

自己確信が低い場合には、必要以上に人に嫌われることを恐れるようになってしまいます。

例えば「アダルト・チルドレン（AC）」の問題は、機能不全な家庭に育った場合、本来親は子どもを無条件に愛さなければならないのに、親の言うことを聞くいい子であれば愛情を注ぎ、親にとって不都合なときには厳しく当たるという二面性があることで、親の顔色をうかがいながら育つ子どもも、ひいてはおとなになってしまうことです。つまり、ありのままの自己を肯定する「自信」が失われているのです。

家族の問題によりアイデンティティーが育たないまま大人になってしまうと、自分を好きになることができず、人の目ばかりを気にして、精神的に不安定になってしまうことがよく知られています。また、こういう人たちはACでない人に比べてストレスが高く、病気になりやすく、生きづらさを感じ続けているのです。

もちろん、どこからがACでどこからがACでないという、イチゼロの問題ではありませんが、自分を肯定することができなくなると、他人の目を気にするようになり、

「他者」に自分のアイデンティティーを委ねている

状態になりかねません。ただ、残念ながら、私たちは生まれる家庭を選ぶことも出来なければ、学校もある程度まで親が選んでしまいます。しかし、このような循環に気づいたときからは、私たちは変わることが出来ます。すなわち、

「断ること、適切な自己主張をすることによる成功体験」

を積み重ねることで、自分も相手も大事にするという「成長」を互いに遂げることになります。そしてそういう人間関係を作るための訓練の場として、職場も、家庭も、友人関係も、大きな役割を果たすのです。私たちは私たちのコーチをしなければいけませんが、本当に育ててくれるのは、私たちの周りの人たちです。

■第3章のまとめ

第3章のポイントをまとめます。自分の軸というのはあくまで、他人との関係の中でこそ

の価値が生まれます。そして大事なことは、相手を理解し、自分を理解し、相手により高い付加価値をもたらすためにはどういう交渉を行い、提案を行っていくかというクセなのです。クセはすなわち習慣ですから、これまでの先人の知恵を学び、上手に実践している人のやり方を真似するしか方法がないわけです。それをぜひ、信頼性が高い相手、友人や家族などから徐々に行ってみてください。

以下、もう一度復習のためのポイントを掲げます。ぜひ、気になるポイントを必要に応じて読み返してみてください。

◎「空気」を読んだ上で、その空気とは違うことをあえて言い切る勇気を持つ（223ページ）。
◎「影響の輪」を常に意識しよう（227ページ）。
◎相手の力をうまく引き出し、「協力関係」を築く（236ページ）。
◎「交渉力」は「思考のクセ（習慣）」である（239ページ）。
◎あなたの利害だけでなく、相手の利害も考え、「ウィン・ウィン（両得の関係）」を築く（245ページ）。

◎「断る力」の発揮は、「ロー・リスク」の場から実践しよう（256ページ）。

◎「断る力」が「自己確信」を高める（263ページ）。

第4章

ジャンプ

「断る力」で、自分と周囲の好循環を作る

この本も、とうとう最後の章になりました。第2章では主に自分の軸の話、第3章では主として1対1での関係性の話をしてきましたが、第4章では、周囲を上手に巻き込む形で、グループとしてどのように「断る力」を発揮していくのか、まとめていきましょう。

この章は応用編に位置づけられますので、他の章に比べたら説明の部分がやや少なくなり、物足りなくなるかもしれません。しかし周囲との好循環の作り方こそ、原理原則はあっても、それぞれの人がどのようなものを作っていくかは、それぞれの人たちの創造性に任されているのです。

したがって、しっかりと第3章までで「断る力」が身についたあなたには、この章を参考に、自分なりの第4章の組み立て方をどうやっていけばいいのか、その想像をしながらぜひ、読み進めてほしいと思います。

■「断る力」を身につけると、人間関係が目に見えて変わる!!

これまで「断る力」というと、できれば使いたくないものであり、しかたなくテクニックとして使い、だからこそ、さまざまな場面に応じて言い方、やり方を変えるべき、というのが一般的な認識だったと思います。しかし、私がこの本でずっと説明してきた「断る力」というのは、自分の軸を定め、自分の人生を生き抜くために、気持ちよく自己主張をしながら、相手の能力をより引き出し、長期的ないい関係性を築くための力です。私たちの「断る力」に対するイメージもネガティブなものから、ポジティブなものに変化したと思っています。

ある意味、これまでの日本の典型的な人間関係は、互いに空気を読みながら、嫌なことがあってもそれはやり過ごし、本当は「断りたい」ことがあったら、断らずに恨みを貯めるか、断るときにも嘘の言い訳をして信頼感を損ね、お互いに不幸になっていくという構図があったと考えています。あるいは、場合によってはアグレッシブな相手が一方的に言いたいことを言って、私たちは受け身になり、断れずにずっと我慢してきました。

しかしこのような構図は、「私たちは自分の扱い方を他の人に教えている」ということで説明してきたように、「断る力」を身につけることで、逆に建設的に断る力が身についた人たちが周りに集まるようになり、互いに力を出しやすくなるのです。

もちろん、その過程において、必ずしもこれまでの人間関係がそのまま保たれるわけではなく、職場も、友人も、場合によっては家族関係も変わってしまうことがあるでしょう。しかしそれは、私たちが新しい考え方、新しいステージにチャレンジすることに伴って生じてしまう必然なのです。

そして、私たちが新しい考え方をして、それに付いてこられなくて疎遠になってしまった相手がいたとしても、そのことについて恨むこともなく、逆に相手を説得することもなく、淡々と対応していけばいいと思います。また今後、そういう相手とも関わる機会が増えてくるでしょうし、相手が同じような考え方を今後するようになる可能性もあるからです。

「断る力」を身につける前、身につけたあとは、風景の見え方も変わってくると思います。メディアで言っていることに対しても、見方が変わるでしょう。しかしそれは、必ずしも相手への信頼を失ったことではないのです。ある意味、自分にも、相手にも、限界があるということを互いに認識しながら、どのように互いの能力を組みあわせたら、もっともうまくいくのかということを模索する道でもあります。

したがって、「断る力」を身につけたこれからは、そのような仲間が集まることにより、それぞれの、

◎「自分の軸」を持った人同士が組み合わさって、「得意分野」を出し合い、「不得意分野」を補い合う

コミュニティを形成することで、建設的な職場、夫婦・家族関係、友人関係、地域社会が生まれてきます。

「断る力」というのはある意味、自分の限界を知り、自分の足りないところを認めた上で、相手からよりよいところを学びあい、自分のよいところを活用してもらい、お互いに専門分野を築き上げ、その統合力として固めていくわけです。心から感じるのは、自分達の限界を知るからこそ、

◎お互いに学び合っていく

という考え方、謙虚さ、姿勢が生まれ、それが人間関係において

「好循環」

が生まれると確信しています。特に謙虚さについて、常々思うのですが、その道で超一流と言われる業績を上げている方々、例えば２００８年にお会いした方で言うと羽生善治さん、林真理子さん、佐藤優さん、渡邉美樹さん、南場智子さん、黒木瞳さん、佐藤可士和さん、槇村さとるさん、福岡伸一さんなどなど、本当に、誰一人とっても、みなさん、本当に、本当に謙虚なのです。しかも、自分自身でここまでは得意でできる、ここからは自分の分野でないから謙虚に学ぶ、というこの組み合わせがものすごく絶妙で、ものすごく自然体だし、ものすごく物腰柔らかなのですが、目の中には強い意思があり、ことばには強い力があり、そしてそれを行動で表すような軸が一貫しているのです。

こういう方々とお会いして、お話をすると、本当に自分の未熟さ、足りなさ、限界をつくづくと感じます。そしてだからこそ、自分がどこに焦点を定め、すべきことと、すべきでないことを決めていく、すなわち、「断る力」を発揮して、一歩でも、二歩でも、先達の方々の心の持ちように近づけるよう、学んでいくしか方法はないのだと思います。そして、またその学びにも、ショートカットはどこにも存在せず、一つ一つものを考え、体験を通じ、行動を通じて、自分の関心の輪と影響の輪を広げていくしかないのです。

また、自分が先達のみなさんから学ぶだけではなく、私たちが学んできたことを惜しみなく後輩のみなさんと分かち合うことで、改めて、私たちは自分の何が「得意」かがわかりますし、「得意」がわかることで、不得意が見えてくるのです。

そして、さまざまな人間関係の中で、自分のほうが得意なことは積極的に引き受け、逆に相手のほうが得意なことはお願いし、

◎「得意」「不得意」というのをお互いに分け合い、支え合う関係

をどうやって、１人でも多く築き上げていくのか、そして私たちの時間は有限なので、どこの分野に、どこの人たちとの関わり合いに私たちの時間という努力を注ぐのかが、「断る力」に求められることだと思います。

また、残念ながら、前にも述べたように、私たちはエスパーでない限り、

◎言葉でコミュニケーション

しなければ、相手の心の中は隅々まではわかりません。もちろん、ノン・バーバルコミュニケーションと言われる、ことば以外の身振りや態度が発するコミュニケーションに対する感度を上げることはたいへん重要です。しかし、いずれにしても、コミュニケーションの主役はことばであり、ノン・バーバルコミュニケーションはことばを補うサポート役でしかないのです。

それなのに、「断る力」が弱い人に限って、「腹でわかれ」と思いがちですが、しかし、これは非常に乱暴な話です。特に、モラハラ、DVをおこなう人の特徴として、ことばでコミュニケーションすることが苦手だということも指摘されています。ことばでコミュニケーションができない人ほど、悲しいことに他のコミュニケーション手段、例えばことばや肉体的な暴力に訴えてしまうのです。

■人との関わりの中で「自分の軸」が革新していく

「断る力」を活用することで、自分の軸を定め、相互に学び合う建設的な人間関係を築い

ていくと、学習を通じて自然と

◎「自分の軸」の革新

が起こってきます。これはすなわち、さまざまな自分よりも優れたところのある相手と日常的につき合い切磋琢磨することで新しいことを取り入れ、それが自分の得意分野に進むことがあったり、関係のない得意分野の間に新しいブリッジが現れて、それがこれまで、思いも寄らなかった「得意分野」になることもあるのです。

すなわち、自分の軸を大事にしていくことで、

◎自分が自分であるためにどうしたらいいか
◎相手の一番いいところを活用するためにはどうしたらいいか

という、

「お互いの思いやり」

が習慣として根づいていくことになります。せっかく、このようにさまざまな形で強く相手と関わり合い、学びあえる機会があるのに、「断る力」を発揮することなく、相手の言うことに素直にしたがってフレームワークを受け入れ続けてしまうと、相手に対しても、自分に対しても、気づきを失ってしまいます。

したがって、相手を保護するという名のもと、常に従属させてしまうのは思いやりではなく、単なる支配です。同じように、「ドメスティック・バイオレンス」は、配偶者の「断る力」を奪い、「自分の軸の革新」の機会をもつぶしてしまうという、最悪の人間関係と言い直すこともできるのです。

また、人と関わり合うときに、むやみやたらに相手のあらさがしをして、批判を繰り返すことは、相手から学ぶことが何も出来なくなってしまいます。それは単に、相手が自分よりも劣っているところがある、あるいは劣っていないにしても、自分として相手に対して批判できることがある、ということを密かに喜んで、自分の優越感を満たすためのカタルシスとして利用しているに過ぎません。

これまでの自分の軸、という言い方で、なぜ相手への批判がよくないのか理解していただけたと思います。相手への批判は、相手から謙虚に学ぶという姿勢に欠けるからです。また、私たちは、自分自身が不完全であるということについての自覚が足りないからです。自分達が不完全だからこそ、相手のいいところ、相手の能力をすべて見切るのは不可能です。また、相手からも私たちの能力がすべて見切れるわけではありません。

だからこそ、互いに主体的なコミュニケーションを行い、相手の言っていることに対して反論し、対案を出し、よりよい考え方を見つける「断る」という建設的な議論を重ねることで、はじめて新しい発見を重ねられるのです。

■相手を相対化する

したがって、相手との関係性を深めるための理想的な関係とは、相手と自分の関係を、

◎相対化する

ことだと考えます。

すなわち、

◎相手がどういう人か
◎相手にはどういう体験があるのか

などをプロファイリングしていくなかで、なるべく多面的な見方から相手を自分との相対関係で位置づけて、自分も、相手も、まるで第三者が2人の関係を上から見ているような形で、相手と自分の

「得意」「不得意」の凸凹

を知り、この2人が上から眺めている第三者の視点から見ると

◎何を学び合えばいいのか
◎何を共同で作業してつくっていけばいいのか

を考えていく方法論が必要になります。そこに、いい悪い、劣っている、優れているなどの価値観は入りません。あくまで互いの経験、考え方、これまで蓄積してきた技術に対して、相対的なプロットを行っていくだけです。そして、違いがあるからこそ、互いを尊重し、互いの力をより発揮できるよう、交渉をしあえる関係になるのです。

■職場でのチームワークをつくる

そのように相対化する習慣がついてくると、同じ得意技の人を集めるよりは、むしろ、多様な人を集めて互いに能力を刺激し、議論を活発にした方が、円滑なコミュニケーションと「断る力」が身についているグループにとっては、より生産性が高くなるというイメージがわくと思います。

例えば、何度かこの本の中で紹介してきたストレングスファインダーの活用方法についいて、開発元のギャラップ社は、このテストを使って就職試験時のふるいわけを行うことを禁じています。確かに、ストレングスファインダーにおいて、この項目を持っている人は相対的にパフォーマンスが高いという強みはあるそうです。しかし、ある組織やあるグループの大多数の人材がその強みしか持っていないことになると、かえって考え方や行動が偏ったチームになり、チーム全体の力がそがれてしまいます。

だからこそ、通常のプロセスで採用した後に、改めてテストを行い、そして1人1人の個性を把握し、さまざまな資質がある多様な人たちをどこに適材適所として割り振るのか、考えるためのテストとしてストレングスファインダーを推奨しています。例えば、活発性が高い人だけでチームを組むと暴走する可能性があるため、慎重性が高い人をいれるわけです。あるいは公平性や個別化が強い人は人事やルール作りなどに長けています。競争性が強い人にはノルマがあるような部署が向いています。それでも、それぞれの強みだけでは脆弱な組織になってしまうため、適度にお互いの「得意」の凸凹を組み合わせることによって、

「チームワーク」

という関係性を作り込むことが、多数の人たちで仕事をなし得るときの強みになりうるわけです。ただ、残念ながら、意思決定のユニットでそれぞれが責任感を持って実行するのは、せいぜい５〜７人くらいが限界で、それ以上になると、必ず働かない人、責任感がない人、他人の強みを尊重することをサボる人が出てきてしまうため、大企業であっても、小さな「課」や「係」という形で意思決定単位を振り分けて、集団的な意思決定を行っていくのです。

だからこそ、このような少人数のチームにおいて、過度な同調性を発揮するよりは、１人１人が自分達の長所・短所を、キッパリと「断る力」という形で生かし切り、それに応じて互いが切磋琢磨した方が、生産性が何倍にもなるのです。ある意味、小さな組織においても、新しい提案もせず、命じられたことにとにかく従うタイプの人材は、その組織内でアシスタント的な役割、コモディティ的な役割を演じることができても、リーダーシップを取ることは出来ません。

パソコンをはじめとしたＩＴと、私たち人間の大きな差は、その時々に応じて状況を判断し、命じられたことに対し、あるいは割り振られたことに対し、異論を告げることが出来るという「断る力」だと考えています。コンピュータは断ることはできません。仕事のプロセスを通じて学んでいくことはロジック上不可能ではありませんが、人間の柔軟性に比べたら学習力は大きく劣ります。

それに対して、私たち人間は

「この人と話をすると、自分にもこれまでなかった『軸』がすごく出てくる」

「自分で考えた提案より、よっぽどあの人が一緒に考えてくれた提案のほうが経験値が深まる」

といったように、断る力の役割は、相手との関係において

「相互作用」

を起こすきっかけとなりうることなのです。

■日常の生活の中で、基礎となる友情・愛情を育む

「断る力」をもたない、あるいは理解をしていても使おうとしないということは、極論すると、ある意味、相手からのメッセージをただ受け止めて生きるような形で

◎自分の世界に閉じている
◎自分の成長機会を放棄している

とすら表すことが出来ます。あるいは、断る力を自分よりも立場が上の人には一切発せず、自分よりも少しでも立場が下だと思うと高圧的にでるようなタイプの人はまた別の形で他者と互いに対等意識で尊敬を持った成長しあえる関係を組み立てることはできないのです。

それを、「断るべきかいなか」という思考回路を一つ入れることで、「真剣に相手のことを考えながら関わり合う」という新しいパラダイムに移ることになります。そして、その関係は繰り返し示してきているように思考のクセですから、その基礎は日常生活、すなわ

ち友情関係・愛情関係でも同等の考え方をもっていかないとならないのです。

とはいえ、従属的な生き方はとても楽な生き方です。「断る」ということにリスクがあるのはわかりつつも、そのリスクを取るのには勇気が必要です。しかし、一回でも、意識をしてそのリスクをとってみることができれば、うまくいっても、行かなくても、その体験を

「成長の糧」

として、自分の軸の形成に役立てることが出来ます。特に、友情関係・愛情関係において

◎互いの成長のために、忌憚のない意見を言い合える関係

がほんの少数の相手とでも育てることが出来れば、それを育んでいく必要があります。また、長期的な関係を築ける真の友人、真の配偶者、真の親子関係は、このような互いを尊重した関わり合いのプロセスの中でしか生まれないと思います。

何度も繰り返しますが

◎すべての人に好かれるのは不可能

ですし

◎すべての相手に真剣な関わり合いを求めるのも不可能

だからこそ、どの相手であれば、

◎互いが生まれ持った素質をなるべく発揮する関係性

を築けるのか、人生の中で私たち1人1人が、この人であれば長い間、お互いを高めあえるという最愛の人を探し続けることが、他者を尊重しながらも「断る力」をつける最良の方法なのかもしれません。

■最後は、間違った考え方、間違った社会にNOを言える力を養うことを考えたい

そして、最後に、なぜ「断る力」を手に入れなければならないのかをもう一度、社会という見方から整理をして、締めくくりたいと思います。もともと、私たちに断る力が必要な理由は、私たちの時間と能力が有限だからです。しかし、その能力と時間を無駄遣いし、周りの要請に流されるまま、深く考えられていない指示に従ってしまうことも可能です。大方の場合において、その指示が間違っていないので、大きな失敗は生みません。しかし、少数のリーダーに意思決定を任せ、あとの人たちが空気に流された意思決定しかしなくなり、断る力を発揮できないようになると、何が起きるのでしょうか。

それは、政治の暴走であり、官僚の暴走であり、企業の暴走であり、メディアの暴走であり、強者の暴走です。実際、さまざまな形で、細かい利権争い、実質的な天下り、不自然な規制継続、利益を目的とした食品偽装や不正流通、広告主の圧力によるメディア報道の偏りなど、不都合が起きています。これは、私たち1人1人が過去に比べて断る力、NOという力を失いつつあるサインなのかもしれません。どの不祥事や不正においても、意

思決定プロセスで誰かが異を唱えれば止まったかもしれないはずのものが、たとえ異を唱えた人がいたとしてもそれが多数派となることが出来ず、間違った方向性が押し通されてしまったのです。

ほかにも気になる点として、さまざまな形で特に若者たちが「断る力」、「社会にＮＯを言う力」を失いつつあることがあります。若年層は非正規雇用という差別を受け、年金の負担額と受給額で差別を受け、社会保障の厚みで差別を受け、気力をなくすが故に政治に参加意欲を失い、結果としてますます差別の対象になるという悪循環に陥っています。

もちろん、若者たちがＮＯを言えるようになるのが一番いいのですが、ここまで痛めつけられた世代に対してそれを願うのは、余りにも酷だと思います。したがって、少しでも余力がある私たちが、若者に代わって、今のやり方がおかしいというＮＯを突きつけ、リーダー層とも真摯に対峙することで、私たちのためにも長期継続的で安定した社会を築いていけると考えています。

是非、断る、すなわち、健全なＮＯを相手に伝えて信頼感を持ちながら新しい解を探す、そういった共同作業で１人１人が断る力を身につけ、相手のことを考えて、得意技を持ち寄り、対案を探り続けるようなコミュニケーションを通じて、よりよい社会をみなさんと一緒に作っていきたいと思います。

■第4章のまとめ

第4章のポイントをまとめます。チームは多様な人が多様な才能を持ちこみ、それをぶつけ合い、昇華し合うことで切磋琢磨されていきます。私たちも積極的にその流れに参加し、単にフォロワーとして従うのではなく、自分自身の得意技を生かしながら、「断る」ことを軸に、学びあいを行っていくのです。そして、唯一無二の親友や恋人、配偶者を得られるよう、成長をしていき、そして社会に対しても1人1人が自分の意思で考え、行動を起こせる力をつけていきましょう。

以下、もう一度復習のためのポイントを掲げます。ぜひ、気になるポイントを必要に応じて読み返してみてください。

◎「自分の軸」を持った人同士が「得意分野」を出し合い、「不得意分野」を補うことで

「好循環」が生まれる（２７３ページ）。

◎人との関わりの中で「自分の軸」が革新していく（２７６ページ）。

◎間違った考え方や社会にＮＯを言える力を養う（２８８ページ）。

おわりに

この本は、私の中では『勝間和代のインディペンデントな生き方実践ガイド』(ディスカヴァー21。以下、「インディ」と略す)の続編として位置づけ、書いたものです。インディがある意味、20代を中心とした世代に向けて書いたものであるのに対し、この本は30代以降の、ある程度自分を確立しようとしつつも、なかなかうまくいかない世代に対して、私も自分がそうだった時代を振り返りつつ、いったいどんな考え方を変えたことで人生がより楽になったのかを考えてみました。

そして、インディ、すなわち「独立」の次のキーワードが「断る力」だったのです。すなわち、人に対して自分の意思をある程度うまく伝え、互いにとってよりよい環境を一緒に作っていけると知ってから、さまざまなことが一変しました。断るというとネガティブに聞こえるかもしれませんが、相手も自分も大事にするために、深く考える力ととらえることで、新しい世界観が見えてくるのです。

さらに、この「断る力」というキーワードが出るまで、半年以上、辛抱強くつき合ってくれたのが、この本の編集者である深田政彦さんです。それを見守ってくださったのが文春新書編集局長の細井秀雄さんです。

また、「断る力」のチームとして、販売、マーケティング、流通まで、幅広く対応していただいた、文藝春秋の勝野聡さん、原田政美さん、竹下真美子さん他営業局のみなさん、渕井誠弥さん、伊藤淳子さん他宣伝局のみなさん、デザイン部の石崎健太郎さんと中川真吾さん、写真部の山元茂樹さん、そして、ヘア&メイクアップ・ドリームシップの石渡みきさんには、本当に感謝しています。チームワークで本を作れることは、本当にワクワクします。

また、読者のみなさんへのお願いです。この本の感想について、ぜひ、周りの方に口頭で伝えたり、ブログで書いていただいたり、Ａｍａｚｏｎやｍｉｘｉ、楽天や7&Yなどの書評に載せてください。口頭は無理ですが、ウェブで捕捉できるものについては、いつも私たちはくまなく見ています。みなさんのフィードバックが私たち制作者にとっての大きな励みになります。

なお、この本は印税寄付プログラムＣｈａｂｏ！に参加をしています。著者印税の20％が特定非営利活動法人ＪＥＮに寄付をされ、他のＣｈａｂｏ！プログラム参加著者の印税と共に、被災国、戦争国などの復興支援に使われます。２００８年に集めた寄付金は、南部スーダンの小学校３校のトイレと井戸の建設に使われました。

また、この本をきっかけに、これで終わることなく、これからますますみなさんと新しいコミュニケーションを行い、関係性を築いていきたいと思います。ぜひ、私のブログにも訪れてください。

勝間和代公式ブログ：私的なことがらを記録しよう!!
http://kazuyomugi.cocolog-nifty.com/
（Ｇｏｏｇｌｅで「勝間和代」でＧＯ）

勝間和代公式メールマガジン
https://fs222.formasp.jp/e885/form1/
（Ｇｏｏｇｌｅで「勝間和代　メールマガジン」でＧＯ）

それでは、この本との出会いが、読者のみなさまとの新しい建設的な関係をスタートさせるきっかけになることを願って、終わりにしたいと思います。ぜひ、また近いうちにブログで、メルマガで、あるいはさまざまなメディアでお会いしましょう。

勝間和代（かつま　かずよ）

1968年東京生まれ。経済評論家、公認会計士。早稲田大学ファイナンスMBA、慶応大学商学部卒業。早稲田大学大学院商学研究科博士後期課程在学中。当時最年少の19歳で会計士補の資格を取得、大学在学中から監査法人に勤務。アーサー・アンダーセン、マッキンゼー、JPモルガンを経て独立。内閣府男女共同参画会議議員。ウォール・ストリート・ジャーナル「世界の最も注目すべき女性50人」選出。エイボン女性大賞（史上最年少）。第一回ベストマザー賞（経済部門）。ブログも日々更新中。

文春新書

682

断《ことわ》る力《ちから》

2009年(平成21年) 2月20日　第1刷発行

著　者　　勝間和代
発行者　　細井秀雄
発行所　株式会社 文藝春秋

〒102-8008　東京都千代田区紀尾井町3-23
電話 (03) 3265-1211（代表）

印刷所　　理想社
付物印刷　大日本印刷
製本所　　大口製本

定価はカバーに表示してあります。
万一、落丁・乱丁の場合は小社製作部宛お送り下さい。
送料小社負担でお取替え致します。

ISBN 978-4-16-660682-5

文春新書

◆社会と暮らし

同級生交歓　文藝春秋編
現代広告の読み方　佐野山寛太
ウェルカム・人口減少社会　藤正　巖／古川俊之
「信用偏差値」あなたを格付けする　岩田昭男
この国が忘れていた正義　中嶋博行
少年犯罪実名報道　髙山文彦編著
週刊誌風雲録　高橋呉郎
天晴れ！筑紫哲也NEWS23　中宮　崇
発明立国ニッポンの肖像　上山明博
リサイクル幻想　武田邦彦
五感生活術　山下柚実
裁判所が道徳を破壊する　井上　薫
闘う楽しむマンション管理　水澤　潤
定年前リフォーム　溝口千恵子／三宅玲子
「老いじたく」成年後見制度と遺言　中山二基子
年金無血革命　永富邦雄

＊

日本男児　赤瀬川原平
ヒトはなぜペットを食べないか　山内　昶
犬と話をつけるには　多和田　悟
動物病院119番　兵藤哲夫／柿川鮎子
伝書鳩　黒岩比佐子
旅する前の「世界遺産」　佐滝剛弘
日本全国 見物できる古代遺跡100　文藝春秋編
戦争遺産探訪 日本編　竹内正浩
地図もウソをつく　竹内正浩
囲碁心理の謎を解く　林　道義
雑草にも名前がある　草野双人
名前のおもしろ事典　野口　卓
煙草おもしろ意外史　日本嗜好品アカデミー編
ラブホテル進化論　金　益見
山の社会学　菊地俊朗
北アルプス この百年　菊地俊朗
東京大地震は必ず起きる　片山恒雄
地震から生き延びることは愛　天野　彰
ビルはなぜ建っているかなぜ壊れるか　望月　重
サンカの真実 三角寛の虚構　筒井　功
風呂と日本人　筒井　功
はじめての部落問題　角岡伸彦
民俗誌・女の一生　野本寛一
忘年会　園田英弘
日本刀　小笠原信夫
戦争を知らない人のための靖国問題　上坂冬子
これでは愛国心が持てない　上坂冬子
今は昔のこんなこと　佐藤愛子

◆アジアの国と歴史

権力とは何か 中国七大兵書を読む　安能　務
中国人の歴史観　劉　傑
中国の隠者　井波律子
乾隆帝　中野美代子
蒋介石　保阪正康
中国の軍事力　平松茂雄
もし、日本が中国に勝っていたら　趙　無眠　富坂聰訳
「南京事件」の探究　北村　稔
旅順と南京　一ノ瀬俊也
百人斬り裁判から南京へ　稲田朋美
若き世代に語る日中戦争　伊藤桂一　野田明美
中国はなぜ「反日」になったか　清水美和
新しい中国 古い大国　佐藤一郎
中国共産党 葬られた歴史　譚　璐美
新華僑 老華僑　譚　璐美　劉　傑
中華料理四千年　譚　璐美

中国艶本大全　土屋英明
中国雑話 中国的思想　酒見賢一
中国を追われたウイグル人　水谷尚子
上海狂想曲　高崎隆治
笑う中国人 毒入り中国ジョーク集　相原　茂

＊

韓国人の歴史観　黒田勝弘
〝日本離れ〟できない韓国　黒田勝弘
韓国併合への道　呉　善花
竹島は日韓どちらのものか　下條正男
在日韓国人の終焉　鄭　大均
在日・強制連行の神話　鄭　大均
韓国・北朝鮮の嘘を見破る 近現代史の争点30　鄭　大均　古田博司 編著
歴史の嘘を見破る 日中近現代史の争点35　中嶋嶺雄編著
物語 韓国人　田中　明
「冬ソナ」にハマった私たち　林　香里
テポドンを抱いた金正日　鈴木琢磨
拉致と核と餓死の国 北朝鮮　萩原　遼

中国が予測する〝北朝鮮崩壊の日〟　綾野　富坂聰編
北朝鮮・驚愕の教科書　宮塚利雄　宮塚寿美子
東アジア「反日」トライアングル　古田博司
新脱亜論　渡辺利夫

◆経済と企業

マネー敗戦　吉川元忠
情報エコノミー　吉川元忠
強欲資本主義 ウォール街の自爆　神谷秀樹
黒字亡国 対米黒字が日本経済を殺す　三國陽夫
ヘッジファンド　浜田和幸
石油の支配者　浜田和幸
金融工学、こんなに面白い　野口悠紀雄
金融商品取引法　渡辺喜美
投資信託を買う前に　伊藤雄一郎
定年後の8万時間に挑む　加藤 仁
人生後半戦のポートフォリオ　水木 楊
知的財産会計　二村隆章 岸 宣仁
サムライカード、世界へ　湯谷昇羊
霞が関埋蔵金男が明かす「お国の経済」　髙橋洋一
「証券化」がよく分かる　井出保夫
臆病者のための株入門　橘 玲
人生と投資のパズル　角田康夫
企業危機管理 実戦論　田中辰巳
企業再生とM&Aのすべて　藤原総一郎
企業コンプライアンス　後藤啓二
敵対的買収を生き抜く　津田倫男
自動車 合従連衡の世界　佐藤正明
企業合併　箭内 昇
日本企業モラルハザード史　有森 隆
ちょいデキ！　青野慶久
熱湯経営　樋口武男
オンリーワンは創意である　町田勝彦
本田宗一郎と「昭和の男」たち　片山 修
「強い会社」を作る ホンダ連邦共和国の秘密　赤井邦彦
インド IT革命の驚異　榊原英資
ハリウッド・ビジネス　ミドリ・モール
中国経済 真の実力　森谷正規
「俺様国家」中国の大経済　山本一郎
情報革命バブルの崩壊　山本一郎
中国ビジネスと情報のわな　渡辺浩平

＊

ネットバブル　有森 隆
石油神話　藤 和彦
エコノミストは信用できるか　東谷 暁
悪徳商法　大山真人
コンサルタントの時代　鴨志田 晃
高度経済成長は復活できる　増田悦佐
デフレはなぜ怖いのか　原田 泰
都市の魅力学　原田 泰
団塊格差　三浦 展
ポスト消費社会のゆくえ　辻井 喬 上野千鶴子

(2008. 12) C

◆こころと健康・医学

- こころと体の対話　神庭重信
- 人と接するのがつらい　根本橘夫
- 傷つくのがこわい　根本橘夫
- 依存症　信田さよ子
- 不幸になりたがる人たち　春日武彦
- 17歳という病　春日武彦
- 自己チュウにはわけがある　齊藤　勇
- 親の「ぼけ」に気づいたら　斎藤正彦
- 愛と癒しのコミュニオン　鈴木秀子
- 心の対話者　鈴木秀子

＊

- 森林浴はなぜ体にいいか　宮崎良文
- 男のための漢方　幸井俊高
- 食べ物とがん予防　坪野吉孝
- わたし、ガンです ある精神科医の耐病記　頼藤和寛
- あなたのための がん用語事典　国立がんセンター監修 日本医学ジャーナリスト協会編著
- がんというミステリー　宮田親平
- 熟年性革命報告　小林照幸
- 熟年恋愛講座 高齢社会の性を考える　小林照幸
- 熟年恋愛革命 恋こそ最高の健康法　小林照幸
- アトピービジネス　竹原和彦
- 脳死と臓器移植法　中島みち
- 「赤本」の世界　山崎光夫
- こわい病気のやさしい話　山田春木
- 風邪から癌まで つらい病気のやさしい話　山田春木
- 化学物質過敏症　柳沢幸雄 石川　哲 宮田幹夫
- 花粉症は環境問題である　奥野修司
- 睡眠時無呼吸症候群　安間文彦
- めまいの正体　神崎　仁
- 膠原病・リウマチは治る　竹内　勤
- 薬が効かない！　三瀬勝利
- 妊娠力をつける　放生　勲
- 脳内汚染からの脱出　岡田尊司
- 痩せりゃいい、ってもんじゃない！　森永卓郎 柴田　玲

◆スポーツの世界

- ホームラン術　鷲田　康
- プロ野球のサムライたち　小関順二
- 甲子園球場物語　玉置通夫
- 宇津木魂　宇津木妙子
- ゴルフ 五番目の愉しみ　大塚和徳
- 少年サッカーからW杯まで　泉　優二
- マラソンランナー　後藤正治
- フィギュアスケートの魔力　梅田香子 今川知子
- ロイアル・ヨットの世界　小林則子
- オートバイ・ライフ　斎藤　純
- スポーツマンガの身体　齋藤　孝
- 力士《ちからびと》の世界　33代 木村庄之助
- 親方はつらいよ　高砂浦五郎

◆食の愉しみ

フランスワイン 愉しいライバル物語　山本 博
中国茶 風雅の裏側　平野久美子
中国茶図鑑〔カラー新書〕　工藤佳治 兪向紅 写真・丸山洋平
チーズ図鑑〔カラー新書〕　文藝春秋編
ビール大全　渡辺 純
トマトとイタリア人　内田洋子 S・ピエールサンティ
発酵食品礼讃　小泉武夫
牡蠣《かき》礼讃　畠山重篤
鮨屋の人間力　中澤圭二
コンビニ ファミレス 回転寿司　中村靖彦
牛丼 焼き鳥 アガリクス　中村靖彦
毒草を食べてみた　植松 黎
実践 料理のへそ!　小林カツ代
一杯の紅茶の世界史　磯淵 猛
歴史のかげにグルメあり　黒岩比佐子

(2008. 12) G